Antisemitismus 2.0
Ist Israelkritik antisemitisch?

d|u|p

Antisemitismus 2.0

Ist Israelkritik antisemitisch?

herausgegeben von
Gert Kaiser

d|u|p

Bibliografische Information der Deutschen Nationalbibliothek
Die Deutsche Nationalbibliothek verzeichnet diese Publikation in der
Deutschen Nationalbibliografie; detaillierte bibliografische Daten sind im
Internet über http://dnb.dnb.de abrufbar.

**Die Vorträge entstanden innerhalb des von der Volkswagenstiftung
finanzierten Projektes German Innovation Center.**

VolkswagenStiftung

GIC
GERMAN
INNOVATION
CENTER

Redaktion: Kathrin Dreckmann M. A.
Lektorat: Christoph Roolf M. A.
Umschlaggestaltung und Satz: Marius Obiegala
Herstellung: docupoint GmbH, Barleben
ISBN 978-3-943460-56-8

Inhalt

Gert Kaiser

Vorwort

Ich schreibe dieses Vorwort als Co-Vorsitzender des „German Innovation Center". Von meinem Mitvorsitzenden Prof. Uriel Reichman, Präsident der israelischen Privatuniversität in Herzliya, stammte der vor zehn Jahren von ihm gemachte Vorschlag, in Israel eine Dialog-Plattform für Deutschland zu gründen – mit dem Namen „German Innovation Center". Diese Gründung erfolgte dann anlässlich einer Israel-Reise des damaligen nordrhein-westfälischen Ministerpräsidenten Peer Steinbrück, die Finanzierung übernahm die Volkswagen-Stiftung.

Seit knapp zehn Jahren veranstalten wir Konferenzen und Symposien in Israel und in Deutschland. Die Organisation geschieht von der Düsseldorfer Heinrich-Heine-Universität aus, zusammen mit meinem Kollegen Prof. Dirk Matejovski vom hiesigen Institut für Medien- und Kulturwissenschaft.

Die inhaltlichen Schwerpunkte waren bislang:

1. Perspektiven der israelisch-europäischen Beziehungen – dabei ging es auch um die Frage, ob neben die US-amerikanische Dominanz in Wissenschaft, Politik und Medien in Israel ein stärkerer Bezug auf Europa etabliert werden kann.

2. Dann mehrfach das Thema „Europa – von nationalen Kriegen bis zur Union", also die Frage, ob Europas Einigung als Vorbild für den Nahen Osten gedacht werden kann.

3. Die Universalität der Menschenrechte in einer globalisierten Welt (wobei die Konferenz in Israel eine überraschende Zuspitzung auf die Themen „Folter" und „Verweigerung der Menschenrechte" im Nahen Osten vornahm).

4. Kunst, Kultur und Medien als Faktoren gesellschaftlicher Identitätsbildung (mit für Deutschland völlig neuen konkreten Einsichten, wie der mediale Krieg geführt wird)

5. „Islam und Islamismus" – und zwar konkretisiert auf Erfahrungsberichte aus der rechtlichen Praxis im Umgang mit Islamismus in Israel und Deutschland. Diese Veranstaltung in Israel wurde durch eine Veranstaltung im Industrie-Club Düsseldorf unter dem Titel „Medien, Religion und Terror" fortgeführt.

Wir glauben, dass wir uns mit diesen Schwerpunkten, vor allem durch ihre Konkretheit, abgehoben haben von dem sonst üblichen deutsch-israelischen Austausch von etwas angestrengten Freundlichkeiten. Dafür geht mein Dank an israelische, palästinensische, jordanische und deutsche Wissenschaftler, Staatsbedienstete, Journalisten und hochrangige Politiker – und noch einmal an die Volkswagen-Stiftung für ihre beherzte und großzügige Finanzierung.

Zum Thema des vorliegenden Bandes, der auf die gleichnamige kleine Konferenz am Abend des 22. Mai 2013 im Düsseldorfer Industrie-Club zurückgeht, muss ich nicht groß einführen. Der Mann, der die Frage in die Welt brachte, ob und ab wann die Kritik Israels bzw. der israelischen Regierung ins Antisemitische abgleitet, saß im Mai auf dem Podium, Henryk M. Broder. Ich will nur einige Titel seiner letzten Artikel zum Thema Antisemitismus in Erinnerung rufen, etwa zu Jakob Augstein: „Der Salon-Antisemit" (November 2012) oder „Brief an meinen Lieblings-Antisemiten Augstein" im darauf folgenden Monat. Oder aus diesem Jahr „Die modernen Antisemiten argumentieren subtil" oder zum Thema des wohlfeilen Philosemitismus „Herr Wickert, es kommt einiges auf Sie zu!" – und nicht zu vergessen sein gerade erschienenes Buch „Vergesst Auschwitz – Der deutsche Erinnerungswahn und die Endlösung der Israel-Frage".

Der Hamburger Politikwissenschaftler Wolfgang Kraushaar wird als Chronist der 68er-Bewegung bezeichnet. Aus seinen Forschungen und zahlreichen Veröffentlichungen aber habe ich etwas mich Bestürzendes lernen müssen: dass nämlich die deutsche Linke, vor allem die radikale Linke, in der Wolle antisemitisch gefärbt ist.

Mein Düsseldorfer Kollege Georg Stötzel ist nicht nur ein bekannter Sprachwissenschaftler, sondern hat sich im politischen Diskurs einen Namen gemacht durch mehrere Handbücher zur Sprachgeschichte der Gegenwart. Ich denke dabei vor allem an das „Wörterbuch der Vergangenheitsbewältigung", in welchem er die semantischen Kämpfe im öffentlichen Sprachgebrauch zu diesem Thema belegt und analysiert.

Für die Moderation konnten wir Sven Gösmann gewinnen, den Chefredakteur der „Rheinischen Post". Das Blatt ist unter seiner Leitung zu einer weithin wahrgenommenen Stimme in Deutschland geworden. Er hat sehr spontan zugesagt, als ich ihm das Thema und vor allem die Referenten nannte – wofür ich mich sehr bei Herrn Gösmann bedanken möchte.

Ich danke darüber hinaus allen Vortragenden dieser Konferenz sehr, und zwar sowohl für Ihre Teilnahme an der abendlichen Konferenz als auch für Ihren Beitrag zu dem vorliegenden Buch.

Ein herzlicher Dank geht an unsere Kollegin und Mitarbeiterin Kathrin Dreckmann für die effiziente Mithilfe bei der Vorbereitung der Konferenz. Und auch der Industrie-Club sei bedankt, dass er sich wieder einmal als Ort des intellektuellen politischen Gesprächs angeboten hat. Schließlich gilt ebenso der düsseldorf university press mein Dank, dass sie den vorliegenden Band in ihr Verlagsprogramm aufgenommen hat.

Das Buch bildet den Verlauf der Konferenz ab – entsprechend sind hier zunächst die schriftlichen Fassungen der Kurzvorträge der drei Referenten abgedruckt. Dem schließt sich die Dokumentation der von Sven Gösmann geleiteten Podiumsdiskussion an.

Henryk M. Broder

Der Jude unter den Staaten

Ende März 1983, also vor fast genau 30 Jahren, gab das Sekretariat des Zentral-
komitees der Kommunistischen Partei der Sowjetunion die Gründung eines
„Anti-Zionistischen Komitees der sowjetischen Öffentlichkeit" bekannt. Man
habe sich zu diesem Schritt entschlossen, da der Zionismus „eine gefährliche
Abart der bürgerlichen Ideologie" sei, die mit dem Anspruch auf „nationale
Exklusivität des auserwählten Volkes" auftrete. Zudem sei deutlich geworden, dass der Zionismus „die Ideen und Methoden des Hitlerfaschismus" wie-
derbelebe. Alle Sowjetbürger – „Arbeiter, Bauern, Vertreter der Intelligenz" –
wurden aufgefordert, aktiv am Kampf gegen den Zionismus teilzunehmen,
den „reaktionären Kern dieser Ideologie" freizulegen und den „aggressiven
Charakter" seiner „politischen Praxis" zu entlarven.

Dem „Anti-Zionistischen Komitee der sowjetischen Öffentlichkeit" ge-
hörten nur dem sowjetischen System treu ergebene Juden an, darunter Yakov
Fishman, der Oberrabbiner von Moskau, und David Dragunsky, General-
oberst der sowjetischen Armee und zweifacher „Held der Sowjetunion".

Damals schon hatte die Führung der Sowjetunion begriffen, dass „Israelkritik" einen besonders glaubwürdigen Klang hat, wenn sie von Juden vorge-
bracht wird. Deswegen wurde bereits bei der Gründung des Komitees betont,
Kritik an der „zionistischen Ideologie" und der „aggressiven Politik" der in
Israel herrschenden Kreise könnte keinesfalls als „antisemitisch" bezeichnet
werden. Das Komitee veranstaltete Pressekonferenzen, gab Erklärungen ab
und tanzte brav nach der Pfeife des ZK, bis es 1987 aufgelöst wurde. Der Jude
hatte seine Arbeit getan, der Jude konnte gehen.

Inzwischen ist auch die Sowjetunion im Abgrund der Geschichte verschwunden, mit ihr das ZK der KPdSU und seine diversen Komitees. Aber der
Kampf gegen den „aggressiven Charakter" und die „politische Praxis" des Zionismus, verkörpert im und durch den Staat Israel, geht weiter. Er wird geführt

von „kritischen Intellektuellen", die sich „Israelkritiker" nennen; im Prinzip ein Beruf wie Eventmanager oder Insolvenzverwalter – nur besser angesehen. Anfang diesen Jahres hat der Vizepräsident des Zentralrates der Juden, Salomon Korn, einen besonders umtriebigen „Israelkritiker" vom Verdacht, ein verkappter Antisemit zu sein, freigesprochen und für koscher erklärt.

Kurz die Vorgeschichte: Am 6. Dezember 2012 veröffentlichte ich auf „Welt Online" einen offenen „Brief an meinen Lieblingsantisemiten (Jakob) Augstein", Herausgeber der Wochenzeitung „Freitag" und Kolumnist bei „Spiegel Online". Dem offenen Brief vorausgegangen war ein Artikel in der „Welt" vom 27. November: „Was Antisemitismus und Körpergeruch verbindet". In beiden Texten ging es um Augsteins Kolumnen, in denen er sich auf eine – meiner Meinung nach – „obsessive" Weise mit Israel beschäftigt, die den Rahmen jeder Kritik sprengt. Augstein dämonisiert Israel, so wie früher der einzelne Jude dämonisiert wurde, als Gefahr für den Weltfrieden und Verursacher von vielerlei Übel; er stellt Verschwörungstheorien auf, in denen Israel als globaler Strippenzieher dargestellt wird; er erklärt Israel explizit zum Nutznießer und implizit zum Anstifter der Unruhen in den arabischen Ländern; Augstein bedankt sich bei Günter Grass für dessen Gedicht „Was gesagt werden muss", das einmal zu den „wirkmächtigsten Worten" des Dichters zählen wird, obwohl es kein großes Gedicht ist „und eine brillante politische Analyse [...] auch nicht", obwohl Grass „auch Unfug schreibt" und sich „was zurecht schwurbelt". In diesem Falle aber, so Augstein, habe Grass etwas Großes vollbracht. Er habe „es auf sich genommen", uns „endlich aus dem Schatten der Worte Angela Merkels" zu holen, „die sie im Jahr 2008 in Jerusalem gesprochen hat. Sie sagte damals, die Sicherheit Israels gehöre zur deutschen ‚Staatsräson'."

Augstein möchte nicht nur aus dem Schatten der Worte Angela Merkels geholt, er möchte auch von der Last der deutschen Geschichte erlöst werden. Augstein will nicht mehr daran erinnert werden, wie es dazu kommen konnte, dass Israels Sicherheit Teil der deutschen Staatsräson wurde.

Nachdem die beiden Artikel erschienen waren, passierte – nichts, wenn man von den Reaktionen der „Freitag"-Community in den Online-Foren absieht, deren Angehörige ihrem Guru zu Hilfe eilten. Augstein selbst hielt sich bedeckt, er nahm nicht einmal das Angebot an, mit mir zu diskutieren. Das änderte sich schlagartig, nachdem das Simon Wiesenthal Center in Los Angeles Ende Dezember eine Liste mit den „Top Ten Anti-Semitic/Anti-Israel-Slurs" für das Jahr 2012 veröffentlichte.

„Slur" heißt so viel wie „Beleidigung", „Verleumdung", im übertragenen Sinne auch „Schmiererei". In der Top-Ten-Liste der antisemitischen und antiisraelischen Schmierereien des vergangenen Jahres landete Augstein auf dem vorletzten Platz, weit hinter dem Chef der ägyptischen Moslem-Brüder und dem iranischen Präsidenten und einen Platz vor dem Schlusslicht, dem „Nation-of-Islam"-Prediger Louis Farrakhan. Die Platzierung wurde mit fünf einschlägigen Zitaten aus seinen Kolumnen unterlegt, die auf „Spiegel Online" erschienen waren. Darunter, in kursiver Kleinschrift, stand ein Zitat von mir: Augstein sei kein Salon-Antisemit, sondern ein lupenreiner Antisemit, der nur Dank der Gnade der späten Geburt um die Chance gekommen ist, Karriere bei der Gestapo zu machen... gewiss keine Schmeichelei, aber dem Gegenstand der Betrachtung angemessen.

Nun gibt es auch in Los Angeles Menschen, die Deutsch können und den „Spiegel" und die „Welt" lesen. Ich hatte mit dem Simon Wiesenthal Center vor 20 Jahren zum ersten und letzten Mal Kontakt, als ich für den „Spiegel" eine Geschichte über die „Amerikanisierung des Holocaust" schrieb. Weder hatte ich Augstein beim SWC „angezeigt", noch hatte sich irgendjemand vom SWC an mich gewandt und gefragt, wen ich auf der Top-Ten-Liste sehen möchte. Das SWC bedient sich aus öffentlichen, jedermann und jederfrau zugänglichen Quellen.

Der stellvertretende Präsident des Zentralrates der Juden in Deutschland, Salomon Korn, der in den vorausgegangenen Monaten vor allem durch öffentliches Schweigen aufgefallen war, während er sich der Pflege seiner Krawatten und Manschettenknöpfe widmete, wusste es freilich besser. In einem Interview mit dem „Deutschlandfunk" sagte er, es sei „sicherlich nicht sehr klug vom Simon Wiesenthal Center" gewesen, „sich sozusagen in die Argumentation von Henryk Broder zu begeben", das Center habe „offensichtlich

Henryk M. Broder

Auffällig an dieser Debatte war, wie viele öffentliche Intellektuelle mit jüdi-
schem Bildungshintergrund an ihr teilnahmen, um Augstein beizustehen,
diesmal ganz freiwillig und ohne jeden Auftrag irgendeines ZK einer Partei.
Von Korn bis Schoeps, von Friedman bis Wolffsohn, von Segev bis Seligmann.
Dennoch behauptete der Generalsekretär der Evangelischen Akademien in
Deutschland, Klaus Holz, „viele Intellektuelle" würden „sich bei solchen Debatten wegducken" und damit das Feld für „die Broders dieser Welt" räumen,
wobei ihm mit der Formel „die Broders dieser Welt" ein extrem differenzierter
Hinweis auf eine weltumspannende jüdische Kooperative gelang.

Ich las alle diese Stellungnahmen und fragte mich, ob alle diese Leute
dasselbe Zeug kiffen würden. Es ging nicht um Augstein und seine Kommen-
tare, die man alle im Netz nachlesen kann, es ging um mich – und wie ich
es geschafft hatte, das SWC vor meinen Karren zu spannen. Niemand sprach
Augstein das Recht ab, Israel zu kritisieren, mir wurde aber das Recht abge-
sprochen, Augstein für seine „Kritik" an Israel zu kritisieren, wobei mir von
einem Kollegen, Christian Bommarius in der „Frankfurter Rundschau", sogar
nahe gelegt wurde, etwas mehr Demut und Dankbarkeit an den Tag zu legen:
„Es spricht für den deutschen Rechtsstaat, dass Henryk M. Broder bis heute
frei herumläuft …". Ja, damit hat der deutsche Rechtsstaat seine schwerste Be-
währungsprobe tadellos bestanden.

Was war es, fragte ich mich, das gebildete Menschen dermaßen aus der
Fassung brachte, dass sie bei dem Versuch, meiner habhaft zu werden, argu-
mentatives Harakiri begingen? Ich glaube, es war die schiere Verzweiflung,
dass es mit Jakob Augstein einen von ihnen erwischt hatte. Zwar sollen, „wissenschaftlichen" Erhebungen zufolge, etwa 20 Prozent der Deutschen antisemitische Einstellungen mit sich herumtragen, es soll sich aber um Angehörige von Randgruppen halten, also um weniger gebildete Stände, die noch
nie ein Gedicht von Günter Grass gelesen oder ein Klezmer-Konzert besucht
haben. Und wenn es mal heißt, der Antisemitismus sei „in der Mitte der Gesellschaft" angekommen, wird sorgfältig darauf geachtet, die Mitte nicht zu
lokalisieren und keine Namen zu nennen, denn es könnte sich ja einer, mit
dem man ab und zu auf demselben Panel sitzt, getroffen fühlen.

Der Jude unter den Staaten

Die Intellektuellen dieser Republik, die sonst jedem Zeitgeist auf der Spur sind, klammern sich an einen Begriff von Antisemitismus, der so alt und verstaubt ist wie eine mechanische Schreibmaschine aus den 30er Jahren des 20. Jahrhunderts. Antisemitismus – das ist die SA und die SS, die Endlösung und der Holocaust, Auschwitz und Nürnberg. Sie weigern sich einzusehen, dass auch der Antisemitismus mit der Zeit geht, dass er ein dynamisches und kein statisches Phänomen ist, dass er sich laufend ändert und vor allem: dass er den Antisemitismusforschern immer um mindestens eine Nasenlänge voraus ist. Wie die Hacker den IT-Experten.

Kein Mensch stellt sich heute Bankräuber so vor, wie sie von Carl Barks gezeichnet wurden, mit Augenmasken, Stoppelbärten und Schiebermützen. Kein Bankräuber macht sich heute mit einem Schweißbrenner an einem Tresor zu schaffen. Die modernen Panzerknacker sitzen in Maßanzügen in ihren vollklimatisierten Büros oder ganz entspannt in einem Café und saugen anderer Leute Konten mit Hilfe eines Laptops ab.

Das Gleiche gilt auch für Antisemiten. Sie treten nicht mehr als SA-Männer auf und schmeißen keine Schaufenster jüdischer Geschäfte mehr ein. Moderne Antisemiten argumentieren subtil: Sie sagen, Israel sei die Weltgefahr Nummer eins und hinter allem stecke die allmächtige „Israel-Lobby". Und unterstellen damit: Gäbe es Israel nicht, dann wäre der Frieden auf Erden kein Problem. Das ist Antisemitismus pur. Das zu begreifen, überfordert die meisten Intellektuellen, die über „das Ende der Suhrkamp-Kultur" so bestürzt sind, dass sie darüber vergessen, dass das einzig Beständige im Leben der Wandel ist.

Auch der Antisemitismus wandelt sich, tritt immer wieder in neuen Verkleidungen auf. Ab und zu legt er eine Verschnaufpause ein, um gleich darauf, gut erholt, wieder auszubrechen.

„Ganze Bibliotheken sind schon über die Judenfrage geschrieben worden, weitere Bibliotheken werden geschrieben werden. Die Judenfrage aber ist und bleibt unlösbar", schrieb der deutsch-jüdische Philosoph Theodor Lessing 1932, ein Jahr bevor er von den Nazis in seinem Marienbader Exil ermordet wurde.

Henryk M. Broder

Ein wesentlicher Teil der Bibliotheken, die über die Judenfrage geschrieben wurden, beschäftigt sich mit dem Phänomen des Judenhasses. Wissenschaftler, die dem Jahrhunderte alten Rätsel mit empirischen Mitteln auf die Spur zu kommen versuchen, unterscheiden mittlerweile zwischen einem latenten und einem manifesten Antisemitismus, einem eliminatorischen und einem Schuldabwehr-Antisemitismus, der aus den Ruinen von Auschwitz zu neuem Leben erwacht ist. „Der Antisemitismus ist der Sozialismus der dummen Kerle", soll August Bebel, einer der Väter der sozialdemokratischen Arbeiterbewegung, gesagt haben. „Der Antisemitismus ist das Gerücht über die Juden", hat Theodor W. Adorno in den „Minima Moralia" geschrieben.

Dennoch: Allen Differenzierungen zum Trotz wird der Begriff nicht klarer, sondern immer diffuser, so dass man am Ende aller Debatten bei einer Definition landet, die ironisch gemeint ist, aber der Wirklichkeit sehr nahe kommt: „Ein Antisemit ist jemand, der die Juden noch weniger leiden kann, als es an sich natürlich ist."

Die Bücher, die demnächst über die Judenfrage geschrieben werden, werden sich mit einem relativ neuen Phänomen beschäftigen: dem Antisemitismus ohne Antisemiten. Zwar weisen, wie schon gesagt, alle Studien darauf hin, dass es in allen europäischen Ländern einen Bodensatz an Antisemitismus gibt, geht es aber darum, Ross und Reiter zu benennen, erklären sich die Forscher für nicht zuständig, während Journalisten und Sozialarbeiter gerne den „arbeitslosen Jugendlichen" präsentieren, der nach einem Sündenbock für seine missliche Lage sucht. Niemand will ein Antisemit sein, der ehrliche Antisemit gehört zu den ausgestorbenen Spezies, wie die Kaltmamsell und der Heizer auf einer Dampflokomotive.

Jürgen W. Möllemann, der seinen Wahlkampf in Nordrhein-Westfalen mit „israelkritischen" Parolen führte, wollte kein Antisemit sein, Martin Hohmann hat mit viel Mühe Analogien zwischen dem „Tätervolk" der Juden in der Sowjetunion und dem „Tätervolk" der Deutschen im Dritten Reich herausgearbeitet, ohne dass er sich damit als Antisemit outen wollte. Sogar ein linker Journalist, der allen Ernstes verkündet, man dürfe die „Verbrechen an den Juden" nicht vergessen, denn sie dienen „als Warnung vor Verbrechen der

Juden", droht jedem, der ihn deswegen als Antisemit bezeichnet, mit einem Verfahren wegen Beleidigung und Geschäftsschädigung.

Das beste Mittel gegen den Antisemitismus, heißt es immer wieder, sei Aufklärung, die Vermittlung von Wissen über Juden und deren Beitrag zur deutschen bzw. europäischen Kultur. Wer das behauptet, der übersieht, dass alle maßgeblichen Antisemiten der Moderne – von Houston Stewart Chamberlain bis Wilhelm Marr, von Karl Lueger bis Heinrich von Treitschke, von Adolf Stöcker bis Alfred Rosenberg – gebildete Menschen waren, die sich nie dazu hergegeben hätten, ihren Judenhass in die Tat umzusetzen, also persönlich Hand anzulegen. Die Nazis haben das Bild des Antisemiten brutalisiert und damit langfristig versaut. „Der Antisemitismus [...] ist eine massenmordende Bestie", hat vor kurzem ein Politiker der Linkspartei, der in seinem früheren Leben der Stasi zugearbeitet hat, erklärt. „Antisemitismus ist Massenmord und muss dem Massenmord vorbehalten bleiben!"

Das bedeutet: Unterhalb der historischen Markierung, die der Holocaust gesetzt hat, kann es keinen Antisemitismus geben. Es gibt nur eine „Israelkritik", in der alle antisemitischen Stereotype, die früher „dem Juden" galten, auf Israel projiziert werden – vom Blutsauger bis zum Brunnenvergifter, vom Weltbrandstifter bis zum Kindermörder. „Israel ist der Jude unter den Staaten", hat schon vor Jahrzehnten der französische Historiker Leon Poliakov geschrieben.

Er ist es heute mehr denn je, das einzige Land der Welt, über dessen Existenzberechtigung debattiert wird, wobei auch diejenigen, die Israels Existenzrecht bejahen, nicht merken, in was für eine dialektische Falle sie dabei tappen. Kann sich jemand eine ähnliche Debatte über China vorstellen, das – kurz nachdem Israel in Palästina gegründet wurde – in Tibet einmarschierte und es seitdem besetzt hält?

Der Antisemitismus, wie er in den gebildeten Ständen gepflegt wird, die es satt haben, immer wieder mit der „Auschwitzkeule" gehauen zu werden, ist dennoch kein re-aktiver, der die Nazis rehabilitieren und sie vom Vorwurf des Völkermords freisprechen möchte; es ist ein pro-aktiver, dem es um das eigene seelische Gleichgewicht geht. Diesen Antisemitismus hat Rainer Werner

Henryk M. Broder

Fassbinder sehr schön auf den Punkt gebracht, als er in seinem Stück „Die Stadt, der Müll und der Tod" den Antisemiten Hans von Glück sagen ließ: „Und Schuld hat der Jud, weil er uns schuldig macht, denn er ist da. Wär er geblieben, wo er herkam, oder hätten sie ihn vergast, ich könnte heute besser schlafen. Sie haben vergessen, ihn zu vergasen. Das ist kein Witz, so denkt es in mir."

Denn „die Juden" haben den Deutschen längst verziehen. Nur die Deutschen können nicht vergessen, was sie den Juden angetan haben, und machen dafür – die Juden verantwortlich. Genauer: Nicht so sehr die Juden wie Israel, das an die Stelle des Juden getreten ist, der „uns schuldig macht", weil er da ist.

Israel ist der Stachel im Fleisch der deutschen Erinnerungs- und Gedenkkultur. Da sind die „Stolpersteine", die überall verlegt werden, um an die nicht vorhandenen Juden zu erinnern. Da ist das Berliner Holocaustmahnmal, um das „uns", wie der Historiker Eberhard Jäckel findet, „andere Nationen beneiden"; da ist die alljährliche Feier im Bundestag zum Jahrestag der Befreiung von Auschwitz, bei der man von Jahr zu Jahr immer stärker davon überzeugt wird, Auschwitz sei nicht von der Roten Armee, sondern von der Wehrmacht befreit worden; da sind die Klezmer-Konzerte, bei denen um die Wette gefiddelt und gejiddelt wird, da sind die vielen toten Juden, die zur „Trauerarbeit" einladen. Und all das könnte so schön, so harmonisch, so befriedigend sein, wenn es da nicht dieses komische Ding namens Israel gäbe, sechs Millionen lebende Juden, die sich, allen guten Ratschlägen zum Trotz, aus der Geschichte nicht verabschieden wollen. Die nicht begreifen, dass Israel allein durch seine Existenz den ohnehin brüchigen Weltfrieden bedroht, dass sich die Deutschen, so lange Israel existiert, nie von ihrer Erbschuld werden befreien können.

Freilich, wenn es nur um „die Deutschen" ginge, könnten wir uns beruhigt zurücklehnen und auf den Ausgang der nächsten Champions-League warten. Der Antisemitismus ist keine deutsche Erfindung und keine deutsche Domäne. Die Juden machen nur etwa 0,2 Prozent der Weltbevölkerung aus, aber sie sind eine globale Ethnie.

Man könnte sagen, sie haben nicht nur das Christentum, den Kapitalismus, den Sozialismus, die Psychoanalyse und Hollywood erfunden, sie waren auch die Vorreiter der Globalisierung. Jiddisch, ein mittelalterlicher Dialekt, war die erste Weltsprache. Als der deutsche Anarchosyndikalist Rudolf Rocker Ende des 19. Jahrhunderts nach London ging, musste er als erstes Jiddisch lernen, um mit den Londoner Anarchisten kommunizieren zu können. Später wurde er Herausgeber des Zentralorgans der jüdischen Anarchisten, des „Arbejter-Frajnd". Entsprechend ist auch der Antisemitismus ein globales Phänomen, er hat seine Aufs und Abs, wäre er ein ökonomisches Phänomen, könnte man ihn mit dem Schweinezyklus vergleichen und antizyklisch reagieren.

Aber er ist weit mehr. Ich neige inzwischen zu der Ansicht, dass der Antisemitismus eine Krankheit ist, die nicht von Medizinern, Soziologen, Psychologen, sondern nur von Theologen gedeutet und erklärt werden kann. Vielleicht ist doch was dran an der Idee vom auserwählten Volk. Was mich angeht, so wäre ich sehr dankbar, wenn ER sich ein anderes Volk aussuchen und UNS in Ruhe lassen würde.

Wolfgang Kraushaar

Wann schlägt Israelkritik in Judenfeindschaft um?

Das Wort Antisemitismus ist zweifelsohne eine scharfe Klinge. Aus naheliegenden Gründen gilt das für Deutschland mehr als für jedes andere Land. Wer
hier als Antisemit entlarvt werden kann, der ist in der Öffentlichkeit häufig so
gut wie erledigt. Um einen derartigen Vorwurf nicht nur vorbringen, sondern
ihn auch aufrechterhalten zu können, bedarf es jedoch einer eindeutigen,
möglichst unwiderlegbaren Klarheit der Fakten. Doch genau daran mangelt
es häufig. Wenn erst einmal – wie etwa im Zusammenhang mit einer Partei,
die die Stirn hat, sich usurpatorisch als „Die Linke" zu bezeichnen – ein Streit
um einen tatsächlichen oder vermeintlichen Antisemitismus ausgebrochen
ist, dann stellt sich nur allzu oft auch Unsicherheit ein.

    Doch der vom Zentralrat der Juden vorgebrachte Vorwurf, in dieser Partei
würde ein „geradezu pathologischer, blindwütiger Israel-Hass" ausgelebt, ist
gewiss nicht einfach von der Hand zu weisen. So war etwa eine Bundestags-
abgeordnete der „Linken", die aus Nordrhein-Westfalen stammende Pazifistin
Inge Höger, auf einer Palästina-Konferenz mit einem Schal aufgetreten, auf
dem eine Karte des Nahen Ostens abgebildet war, in der es kein Israel mehr
gab. Zu dieser Meldung passt, dass dieselbe Abgeordnete im November 2008
einer Abstimmung des Bundestags, bei der es um eine verstärkte Bekämpfung
des Antisemitismus ging, demonstrativ ferngeblieben war. Und der Duisbur-
ger Kreisverband der Partei hatte auf seiner Homepage zu einem Boykott
israelischer Waren aufgerufen und zudem ein Logo verbreitet, in dem der
Davidstern in einer Symbiose mit dem Hakenkreuz gezeigt wurde. Es scheint
tatsächlich so zu sein, dass in der aus einem Zusammenschluss von PDS und
WASG hervorgegangenen Organisation israel- und judenfeindliche Positionen „innerparteilich immer dominanter" geworden sind. Das jedenfalls ist

das Ergebnis einer von den beiden Sozialwissenschaftlern Samuel Salzborn und Sebastian Voigt verfassten Studie.

In der jüngeren Vergangenheit ist andererseits von einem „alarmistischen Anti-Antisemitismus" gesprochen worden. Gemeint ist damit, dass das, was er zu bekämpfen vorgibt, überhaupt erst konstruiert werde. In Schutz genommen werden sollen damit offenbar vor allem Exponenten der Linken. Während Alarmsignale in Richtung auf die Rechte durchaus angemessen seien, lautet die kaum kaschierte Botschaft, wären sie auf Seiten der Linken unangebracht. Im „Anti-Antisemitismus" würde sich häufig nichts anderes als ein Alarmismus äußern, nach Möglichkeit in jedem x-beliebigen Fall Alarm zu schlagen. Im Grunde gehe es nicht nur darum, ein ubiquitäres Feindbild zu konstruieren, sondern letztlich darum, einen Popanz aufzubauen.

Diese Haltung ist von jener nicht sonderlich weit entfernt, mit der Martin Walser 1998 bei seiner denkwürdigen Dankesrede für den Friedenspreis des Deutschen Buchhandels in der Paulskirche hervorgetreten war. Er sprach damals von der „Auschwitz-Keule", mit der angeblich auf die Deutschen eingeprügelt werde. Ignaz Bubis, der seinerzeitige Vorsitzende des Zentralrats der Juden in Deutschland, hatte den Preisträger deshalb als „geistigen Brandstifter" beschimpft und damit – obwohl er diesen Vorwurf schon bald darauf zurückzog – eine Debatte über die Maximen einer Erinnerungs- und Gedenkkultur in Deutschland ausgelöst.

I.

Doch wie lauten die Kriterien, um die Virulenz eines als Antisemitismus klassifizierten Phänomens bestimmen zu können? Einerseits soll es ja um die objektivierbare Struktur eines Feindbilds gehen, andererseits aber um dessen Tarnung – ein Phänomen, das zumeist nicht unmittelbar, sondern nur indirekt und undeutlich, häufiger auch absichtlich kaschiert hervortritt. Die Diagnose wird damit nicht zuletzt zu einer hermeneutischen Aufgabe.

Wie lässt sich nun den naheliegenden ideologischen Fallstricken entgehen und analytisch größere Klarheit gewinnen? Diese Frage zielt vor allem auf das Verhältnis von Implikation und Explikation ab. Und dahinter wiederum steht das Problem der Entkoppelung von Begriff und Phänomen, der tendenziellen Entgrenzung des Begriffsgebrauchs und der Gefahr pauschalisierender Schlussfolgerungen.

Kritik an einer Nation ebenso wie an der Gründungsidee zum Aufbau einer Nation mag legitim erscheinen, zumal dann, wenn dieser Prozess vor allem auf Kosten der dort ansässigen Bevölkerung – in diesem Fall den Palästinensern – gegangen ist und immer noch geht. Die Gegner- bzw. Feindschaft gegenüber Israel, den Juden inner- wie außerhalb Israels sowie dem Judentum in seiner Gesamtheit erfüllt dagegen die Kriterien für ein klassisches Feindbild. Entscheidend ist deshalb eine genauere Bestimmung des Verhältnisses von Antizionismus und Antisemitismus. Insbesondere ist zu fragen: Verbirgt sich im Antizionismus nur ein politisch ummäntelter Antisemitismus? Und wenn ja: Wie hoch ist der Grad an Antisemitismus, der sich im Antizionismus versteckt? Das Hauptaugenmerk muss deshalb darauf gelegt werden, diese Relation genauer auszuloten.

Die seitens verschiedener Strömungen der Linken immer wieder verwendete Verteidigungsformel lautet: Antizionismus als solcher sei legitimationsfähig und nicht, jedenfalls nicht umstandslos – wie das der Lyriker Erich Fried bereits 1973 geäußert hat – mit Antisemitismus gleichzusetzen. Die sich als antiimperialistisch begreifende Linke dürfe sich, so wird immer wieder betont, das Recht auf eine grundlegende Kritik am Staat Israel und dessen Wurzeln in der zionistischen Ideologie nicht nehmen lassen. Und wer dennoch behaupte, dass der Antizionismus mit dem Antisemitismus gleichgesetzt werden könne, der führe – wie von der Springer-Presse angeblich immer wieder vorgemacht – nichts anderes im Schilde, als die Linke zu diskriminieren. So lautet im Übrigen auch der Vorwurf gegenüber der Partei gleichen Namens.

Inwieweit handelt es sich dabei nun aber um das Insistieren auf einer sachlichen Differenz oder aber nur um eine wortreich in Szene gesetzte Camouflage? Der 2011 im Alter von über hundert Jahren verstorbene niederländische Psychoanalytiker Hans Keilson hat dazu eine ganz eindeutige Haltung. Für ihn war die Unterscheidung zwischen Antisemitismus und

Antizionismus nichts anderes als eine linguistische Finte, eine Argumentationsfalle, die vor allem dazu diente, Aggressionspotentiale bei der Ausklammerung des tabuisierten Wortes „Jude" bzw. „jüdisch" politisch ausbeuten zu können. Ganz ähnlich lautete die Position, die der Publizist Jean Améry und der Literaturwissenschaftler Hans Maier gegenüber der Tarnvokabel Zionismuskritik seinerzeit formuliert haben. Für den einen gab es keinen Unterschied zum Antisemitismus, für den anderen war der Antizionismus lediglich ein Indiz dafür, dass damit der „Judenhaß von einst und von jeher" betrieben würde.

Die Tatsache, dass es so lange brauchte, bis überhaupt möglichen Zusammenhängen zwischen Antizionismus und Antisemitismus nachgegangen worden ist, liegt vermutlich darin begründet, dass die Linke geglaubt hat, durch ihre antifaschistische Gesinnung antisemitischen Tendenzen gegenüber per se gefeit zu sein. Der Schriftsteller Gerhard Zwerenz war seinerzeit sogar davon überzeugt, wie er 1976 in der Wochenzeitung „Die Zeit" postulieren durfte, dass sich Antisemitismus und Linkssein kategorisch ausschließen würden. Henryk M. Broder war einer der ersten, der auf diese politische Lebenslüge hingewiesen hat. Die gesellschaftliche Wirksamkeit antisemitischer Stereotypen beschränkt sich gerade nicht auf bestimmte politische Lager. Sie tauchen in der Rechten wie der Linken und – wie nicht vergessen werden sollte – zuweilen auch in der Mitte auf. Auch die beiden Volksparteien sind nicht gänzlich davor gefeit.

II.

Ein Blick zurück kann zeigen, warum es in der alten Bundesrepublik überhaupt zum antisemitischen Verdacht gegenüber Linken gekommen ist. Das hängt vor allem mit einer historischen Zäsur zusammen, dem von Israel gewonnenen Sechs-Tage-Krieg im Juni 1967. Danach erschien das Land, das den Opfern des Holocausts mehr als nur eine Zuflucht geboten hatte, vielen als Aggressor und Eroberer. Aus Opfern schienen nun plötzlich selbst Täter geworden zu sein. Unter dem Eindruck dieses gewandelten Bildes hatte sich die Einstellung vieler Linker, insbesondere aber des Sozialistischen Deutschen

Wann schlägt Israelkritik in Judenfeindschaft um?

Studentenbundes (SDS), Israel gegenüber schlagartig verändert. Die pro-israelische Haltung verschiedener linker Studentenorganisationen, die sich bis dahin in zahlreichen Kontakten, vor allem in Besuchsdelegationen und Kibbuz-Aufenthalten niedergeschlagen hatte und zum Teil auch in Israel selbst jahrelang als Vorreiter für eine Politik der Aussöhnung verstanden worden war, wich genau in der Zeit, in der sich, ausgelöst durch die tödlichen Schüsse auf Benno Ohnesorg, eine bundesweite Studentenbewegung herauskristallisierte, einer mehr als nur kritischen, häufig grundsätzlich ablehnenden, sich mehr und mehr in einer einseitigen Parteinahme für die Sache der Palästinenser manifestierenden Position.

So wie mit dem SDS die Hochschulgruppe der SPD seit Anfang der fünfziger Jahre eine Vorreiterrolle für die Wiedergutmachung der Nazi-Verbrechen am jüdischen Volk und die Anerkennung des Staates Israel gespielt hatte, so nahm sie nun – nachdem sie 1961 aus der Mutterpartei hinausgeworfen worden war – die Aufgabe einer Avantgarde für die um staatliche Unabhängigkeit kämpfenden Palästinenser wahr.

Für den Positionswechsel gab es zwei vordergründig rationalistische Argumentationsfiguren: Die Kritik an dem in der frühen Bundesrepublik besonders ausgeprägten Philosemitismus als einer bloß reaktiven Antwort auf den Antisemitismus und die Einbeziehung Israels, das immer ausschließlicher als machtpolitischer Vorposten der USA im Nahen Osten angesehen wurde, in die klassische Imperialismuskritik der Linken.

Seit dem Sommer 1967 lauteten die entsprechenden Stichworte zur Charakterisierung der israelischen Politik: Aggression und Expansion. Zionismus wurde unter Abstrahierung seiner historischen Entstehungsbedingungen mit Kapitalismus, Kolonialismus und Imperialismus gleichgesetzt. Dies war eine an Eindeutigkeit kaum noch zu überbietende Feinderklärung an den Staat Israel und die dort lebenden jüdischen Bürger. Hier lag bereits in Grundzügen das Repertoire vor, das, mit einem marxistischen Vokabular pseudo-theoretisch aufgeladen, mit dazu beigetragen hat, einen nur notdürftig ummäntelten linken Antisemitismus möglich werden zu lassen. Unter dem Schutzschild abstrakter Großkategorien, die eine programmatische

Herrschaftskritik zu verbürgen schienen, beabsichtigte man, sich gegen nahe-liegende Vorwürfe, dass es beim Antizionismus in Wirklichkeit um nichts anderes als die Wiederauferstehung des Antisemitismus gehe, immunisieren zu können.

Im Kern ging es aber darum, Israel das Existenzrecht zu verweigern. Diese Weigerung steht insgeheim im Zentrum aller Varianten des Antizionismus. Wer aber den jüdischen Staat auslöschen möchte, der muss sich die Frage ge-fallen lassen, ob er damit Juden als solche nicht zugleich für vogelfrei erklärt. Denn er imaginiert einen Zustand vor 1945. Juden wären erneut ortlos, sie könnten wiederum wie in der NS-Zeit verfolgt und ermordet werden. Die Kritiker des Zionismus bewegen sich insofern wie in einer Zeitschleife. Wer das nicht verstehen will, begreift nicht, woher die Empfindlichkeit an diesem Punkt rührt.

III.

Wie lässt sich aber der radikale, im Sommer 1967 vollzogene Wandel von entschiedenen Israel-Befürwortern zu expliziten Israel-Gegnern sowie Partei-gängern der Palästinenser erklären? Wie ist es vorstellbar, dass aus erklärten Antifaschisten im Handumdrehen überzeugte Antizionisten, wenn nicht gar Antisemiten werden konnten?

Als rätselhaft muss vor allem ein doppelter Vorgang erscheinen: Zunächst die emphatisch vollzogene Hinwendung zu den Ländern der Dritten Welt und die damit einhergehende Glorifizierung nationalrevolutionärer Guerilla-organisationen, dann die Wahl des Nahostkonflikts als zentraler Krisenregion und die damit verbundene Identifikation mit den verschiedenen palästinen-sischen, als Befreiungsbewegungen idealisierten Terrororganisationen.

Mit dieser doppelten Wahl wurden zwei Ausblendungen vollzogen: Zum einen die als tabuisiert geltende Frage der deutschen Nation und zum ande-ren die für die deutsche Spaltung verantwortliche Blockkonfrontation zwi-schen Ost und West. Beide Aussparungen, die für das Selbstverständnis einer westdeutschen Linken hätten zentral sein müssen, haben ihre Wurzel in der

Wann schlägt Israelkritik in Judenfeindschaft um?

NS-Vergangenheit und der auf den Trümmern des Nationalsozialismus errichteten Nachkriegsordnung. Sie waren offenbar so massiv, dass sie durch den Internationalismus im Allgemeinen und die Identifikation mit den Palästinensern im Besonderen überblendet werden mussten.

Von zentraler Bedeutung ist dabei die Korrelation zwischen Antiimperialismus und Antizionismus. Als 1972 etwa der RAF-Begründer Horst Mahler von einer „Symbiose zwischen Zionismus und Imperialismus" sprach, gab er Israel im Grunde zum Angriff frei. Zumindest in dieser Hinsicht kann es nicht verwundern, dass aus dem einstigen Linksterroristen später ein überzeugter Neonazi hat werden können. Auf einer supranationalen Ebene ging es um die Herrschaft des Kapitals, die Ausbeutung und die Verfügung über das Geld. Mit Israel – so wurde suggeriert – habe die Figur des „Geldjuden" eine staatliche Gestalt angenommen. Der jüdische Staat wurde nun als Statthalter des imperialistischen Systems im Nahen Osten betrachtet.

Darin aber spiegelt sich das alte antisemitische Klischee wider – der jüdische Repräsentant des internationalen Kapitals hat demnach einen Staat errichtet, um die Vormachtstellung des US-Imperialismus zu sichern und weiter auszubauen. Der Gedanke, dass der seit Gründung 1948 in seiner Existenz fortwährend bedrohte Staat seine Verteidigung organisieren muss, hat hier keinen logischen Ort mehr. Der Topos vom „zionistischen Imperialismus", der in seiner Wirksamkeit auf fatale Weise aktuell geblieben ist, erfüllt die Kriterien einer wahnhaften Ideologie. Unter dem vermeintlichen Schutz marxistisch-leninistischer Kategorien wird damit implizit an die antisemitischen Klischees der NS-Zeit angeknüpft und ein längst in Abrede gestellter Wirkungszusammenhang zwischen NS- und Nachkriegsgeneration wieder hergestellt.

IV.

Bei alldem spielen psychologische Faktoren eine große Rolle. Die Solidarisierung mit den Palästinensern etwa bot jungen Deutschen die Möglichkeit, die Verbrechen des eigenen Landes entweder zu neutralisieren oder aber ganz zu überblenden. Je martialischer Israel bei seinen militärischen Aktionen in Erscheinung trat, umso leichter wurde es und ist es noch immer, das Land als solches als Aggressor abzustempeln und die Erinnerung an den Holocaust und die jüdischen Opfer in den Hintergrund zu drängen. Dies alles hat für die Generationen der Nachgeborenen zweifellos eine entlastende Funktion. Daher ist es auch so verbreitet, Israel mit dem NS-Regime und sein Militär mit der Deutschen Wehrmacht oder gar der SS auf eine Stufe zu stellen. Im Zentrum der Palästinabegeisterung könnte eine solche heimliche Selbstrechtfertigung stehen, nach dem Motto: Seht her, was in unserem eigenen Namen an Verbrechen begangen worden ist, kann so schlimm nicht gewesen sein, wenn das Land, das die Opfer des Holocausts als Kollektiv vertritt, selbst Verbrechen begeht.

In der Psychoanalyse, die besonders eingehend Abwehrmechanismen, die dem Subjekt zur Bewältigung innerer Konflikte zur Verfügung stehen, untersucht hat, ist deshalb auch von einer Verschiebung die Rede. In ihrem Erkenntnismodell gehört die Abwehr zu den Ich-Funktionen. Mit ihr sollen unlustvolle und angsterzeugende Vorgänge aus dem eigenen Bewusstsein verbannt werden. Damit wird eine Auseinandersetzung mit den Ursachen eines Konflikts umgangen und ein notdürftiges Gleichgewicht im Affekthaushalt hergestellt. Um sich etwa von Schuld- und Schamgefühlen zu entlasten, stehen dem Ich verschiedene Techniken wie Verdrängung, Verleugnung, Abspaltung, Projektion und eben Verschiebung zur Verfügung.

Indem die von der Elterngeneration begangenen Verbrechen allein schon aufgrund ihrer quantitativ wie qualitativ schier unermesslichen Dimension die psychische Stabilität ihrer heranwachsenden Kinder gefährdeten, suchten diese zu einem Zeitpunkt, als sie ihre eigenen Ich-Ideale ausbildeten, nach Möglichkeiten, ihre Schuldgefühle auf andere abzuwälzen. Eine in dieser Hinsicht einzigartige Gelegenheit bot sich Teilen der jungen Generation, als Israel in ihren Augen 1967 an den Palästinensern Unrecht beging. Damit konnte man dem Repräsentanten der Opfer etwas von jener Schuld aufbürden, die auf den Schultern der Eltern lastete und ihre Nachkommen so sichtlich überforderte.

Wann schlägt Israelkritik in Judenfeindschaft um?

In der Figur der Palästinenser bot sich zugleich ein Objekt der projektiven Identifizierung. Sich an ihre Seite zu stellen war so etwas wie der geheime Garant der eigenen Entlastungsfunktion. Nicht umsonst hatte sich die damalige Neue Linke wie von einem inneren Magnetismus getrieben – als hätte es keine naheliegenderen Herausforderungen gegeben – auf den Nahostkonflikt kapriziert, sich mit den Palästinensern, und dabei besonders mit ihren aggressivsten Organisationen, identifiziert und die Wurzel aller aufgetretenen Probleme bei den Israelis diagnostiziert. So konnten unverarbeitete psychische Probleme zum Motor eines vermeintlich politischen Projekts werden. Beim vielbeschworenen Frieden im Nahen Osten dürfte es aus dieser Sicht wohl in erster Linie um den inneren Frieden deutscher Aktivisten gegangen sein.

V.

Auch wenn hier keine regelrechte Kasuistik entwickelt wird, so sollen doch einige Gesichtspunkte vorgestellt werden, die zur Beantwortung etwas beitragen können.

Erstens: Der Antisemitismus ist atavistisch und modern zugleich. Das macht seine Schwierigkeit aus, ihn zu definieren. Phänomenologisch mutiert er immer wieder aufs Neue und schlüpft in Formen und Gestalten, die seine Tarnung erleichtern.

Zweitens: Die Antisemitismusforschung tut sich immer noch schwer, eine soziologische oder sozialpsychologische Kategorie zu benennen, unter die er subsumiert werden könnte. Doch er ist weder einfach als „Vorurteil" noch als „Ressentiment" abzutun und mit rassistischen und fremdenfeindlichen Phänomenen auf eine Stufe zu stellen.

Drittens: Die Beurteilung des Antisemitismus nach 1945 kann nicht davon abstrahieren, dass er zuvor in die schlimmste aller denkbaren Konsequenzen geführt hat, seine praktische Umsetzung in die von staatlicher Seite, industriell betriebene systematische Vernichtung der europäischen Juden.

Viertens: In der Nachkriegszeit wurde der Antisemitismus mit einem Tabu belegt. Wer in der Bundesrepublik antisemitisch auftritt, der muss damit rechnen, angeprangert und womöglich strafrechtlich verfolgt zu werden. Um sich dem zu entziehen, sind Semantiken entwickelt worden, mit denen die judenfeindlichen Affekte implizit weiter betrieben werden konnten und können.

Fünftens: Dieser verbreiteten Praxis hat die Forschung mit dem Begriff des sekundären Antisemitismus Rechnung zu tragen versucht. Adorno sprach in demselben Zusammenhang deutlicher von einem Schuldabwehrantisemitismus. Danach tritt die Judenfeindlichkeit zumeist nicht explizit, sondern in einer getarnten, zuweilen auch in einer vergleichsweise subtilen Form auf. Die am weitesten verbreiteten Versionen sind die Zionismus- und die Israelkritik.

Sechstens: Die Enttarnung des zeitgenössischen Antisemitismus ist schwieriger geworden, als es noch vor 1933 möglich war. Nur selten sind unmissverständliche Parolen wie „Juden raus" zu hören. Das aber macht die Kritik wie die Abwehr zu einer hermeneutischen Angelegenheit, zu einer Sache der Interpretation.

Siebtens: Die Kritik am Staat Israel ist natürlich nicht per se Ausdruck einer antisemitischen Haltung. Politische Entscheidungen der israelischen Regierung oder der Knesset, das Vorgehen der israelischen Armee oder die Praxis israelischer Geheimdienste wie dem Mossad oder Shin Beth unterliegen denselben Maßstäben der Beurteilung, die auch für andere Staaten Gültigkeit besitzen. Antisemitisch wird die Israelkritik erst durch ihre Entkonkretisierung und Generalisierung. Wenn etwa Menschenrechtsverletzungen auf israelischer Seite nur als Vorwand dienen, den Stab über Israel als Ganzem zu brechen, dann handelt es sich dabei um eine Instrumentalisierung des Kritikwürdigen zu ganz anderen, viel weitreichenderen Zwecken.

Achtens: Unterscheiden möchte ich davon die Kritik am Zionismus. Denn sie tendiert von vornherein dazu – auch wenn sie sich auf bestimmte weltanschauliche Punkte kapriziert –, eine nur wenig kaschierte Form des Antisemitismus zu manifestieren, weil sie darauf ausgerichtet ist, die Existenzberechtigung Israels in Abrede zu stellen. Von deutscher Seite ist es deshalb ratsam, entweder sehr behutsam damit umzugehen oder – besser noch – ganz auf sie zu verzichten.

Georg Stötzel

Sprachliche Strategien im Nazi-Komplex.
Die Schulddiskussion.

Im vorliegenden Beitrag werde ich zentrale Aspekte unserer sprachhistorischen und zugleich gesellschaftswissenschaftlich orientierten Studien zum Nazi-Komplex skizzieren. Ich stelle zuerst die publizistischen Auseinandersetzungen über die Weiterverwendung von sogenannten Nazivokabeln vor, zweitens die öffentlichen Diskussionen um die zutreffende Bezeichnung des 8. Mai 1945, den sogenannten Befreiungsdiskurs, und abschließend den Themenkomplex, für den sich der Ausdruck „Nazivergleiche" etabliert hat.

Die Weiterverwendungsdiskussion

Schon während des Zweiten Weltkriegs begann eine mediale Reflexion über die deutsche Geschichte seit 1933, in der auch die manipulative Potenz der Sprache thematisiert wurde. Victor Klemperer[1] schrieb seine geheimen Aufzeichnungen unter dem Tarnnamen LTI und forderte, dass Wörter wie „Blitzkrieg" und „Endsieg" aus dem Sprachgebrauch verschwänden. In der unmittelbaren Nachkriegszeit kritisierte Klemperer z.B. die Verwendung der Vokabel „heroisch" im Politpathos der FDJ in der SBZ. Und in Westdeutschland publizierte eine Gruppe um Dolf Sternberger ab 1946 in der Zeitschrift „Die Wandlung" fortlaufend eine Vokabelsammlung mit dem Titel „Aus dem Wörterbuch des Unmenschen".[2]

Beide Publikationen wollten dazu beitragen, eine Antwort auf zwei damals hochaktuelle Fragen zu finden, nämlich: Wie konnte es dazu, das heißt

---

1 **Klemperer,** Viktor: *Notizbuch eines Philologen.* Berlin 1947.
2 **Sternberger,** Dolf/**Storz,** Gerhard/**Süskind,** Wilhelm E.: *Aus dem Wörterbuch des Unmenschen.* Hamburg 1957 (zuerst publiziert als fortlaufende Serie in der Monatsschrift „Die Wandlung" von 1945–1948).

zur Naziherrschaft und deren Verbrechen, kommen? Und: Wie können wir eine Wiederholung oder Wiederkehr einer solchen Gräuelgeschichte verhindern?

Diese Erklärungsversuche schrieben dem Sprachgebrauch der Nazis eine kriminelle Energie, eine Art Verhexung des Verstandes zu und wollten deshalb vor dessen Weiterverwendung warnen, um „auch die Sprache zu entnazifizieren".

Allerdings gab es bei der Umsetzung dieses Programms Schwierigkeiten, die mit den Eigenschaften von Sprache selbst bzw. mit einem verkürzten Verständnis von Sprache zu tun haben. Mit ihrer nicht immer leicht nachvollziehbaren Diagnose der Belastetheit und Unmenschlichkeit einzelner Vokabeln wie „Betreuung", „Lager", „Mädel" stehen die Verfasser in der Tradition einer bürgerlichen, quasiphilologischen Wortkritik, die den praktischen Kontext des Sprachgebrauchs, also die geschichtliche und politische Situation, die Hierarchie und die Machtverhältnisse unter den Sprechergruppen nicht oder nicht genügend berücksichtigt. Die Frage einer „Schuld der Sprache" ist aber nicht abstrakt, ohne die Einbeziehung des gesellschaftlichen Kontextes sozusagen rein sprachlich oder linguistisch durch Konzentration auf einzelne Wörter zu lösen.[3]

Aufgrund dieser sprachpragmatischen Metakritik hat man diese mit Wortverboten arbeitende Kritik der Nazisprache, die eine anrührende Form eines philologisch-idealistischen Widerstandes darstellt, auch als „hilflosen Antifaschismus" eingestuft. Diese erste öffentliche Auseinandersetzung mit der Nazisprache war durch die große zeitliche Nähe und die intuitive Sensibilität von Betroffenen geprägt, wie Sternbergers gruppenpsychologische Erklärung zu erkennen gibt: „Das Wort Lager, so harmlos es einmal war und wieder werden mag, können wir doch auf Lebenszeit nicht mehr hören ohne an Auschwitz zu denken."

Dieser erste Ansatz einer ‚historischen' Verantwortungsanalyse enthielt einen Moment der individuellen und kollektiven Schuldabwälzung auf die Sprache der Nazis.

---

3 In diesem Sinne ist es auch verkürzt, sogar isolierte grammatische Konstruktionen moralisch zu bewerten und vom „inhumanen Akkusativ" zu reden.

Sprachliche Strategien im Nazi-Komplex. Die Schulddiskussion.

Schon im Juni 1945 wurde dieser Aspekt in den Gründungsaufrufen der KPD, der SPD und der CDU politisch instrumentalisiert, in denen die Deutschen von ihren Parteirepräsentanten als sprachlich verführte Opfer der demagogischen faschistischen „Abenteurer" dargestellt und entlastet wurden[4].

In der fortlaufenden Geschichte Westdeutschlands entwickelte sich der später so genannte „Weiterverwendungsdiskurs" (hinsichtlich nationalsozialistischer Sprache) vollständig innerhalb politischer Debatten über andere Problemsachverhalte. Dabei wird die Kritik an der Verwendung von sogenannten „Nazivokabeln" jeweils strategisch instrumentalisiert: Der öffentliche Gebrauch sogenannter belasteter Wörter wird als Indiz für die „Nazigesinnung" inkriminiert und als skandalträchtig ausgenutzt. Zur Veranschaulichung verweise ich auf einen paradigmatischen Beleg aus dem Jahr 1982: Der SPD-Geschäftsführer Peter Glotz kritisierte die Forderung des Arbeitgeberpräsidenten Otto Esser nach „Ausmerzung von sozialem Wildwuchs" mit der Anklage, das sei „eine Sprache, die dem Wörterbuch des Unmenschen entnommen sein könnte"[5].

1983 löste Franz-Josef Strauß eine Diskussion darüber aus, ob man in der Kritik an der modernen Kunst den Ausdruck „entartet" verwenden dürfe[6]. Und in der aufkommenden Diskussion über Eliteschulen und Eliteuniversitäten plädierte der Zeithistoriker Helmut Möller Anfang 1984 in der „Rheinischen Post" dafür, dass „innerlich freie Zeitgenossen" sich vom „einstigen Missbrauch der Sprache" nicht abhalten lassen sollten, von „Elite" zu reden[7]. Mit dem neuen nationalen Selbstbewusstsein nach der Wende

---

4   Vgl. **Falkenberg**, Gabriel: „Zur Begriffsgeschichte der deutschen Spaltung zwischen deutschem Reich und zwei deutschen Republiken", in: *Sprache und Literatur in Wissenschaft und Unterricht 20* (1989), H. 64, S. 3–23.

5   Die hier genannten Belege finden sich in meinem Kapitel „Der Nazi-Komplex", in: **Stötzel**, Georg/**Wengeler**, Martin: *Kontroverse Begriffe. Geschichte des öffentlichen Sprachgebrauchs in der Bundesrepublik Deutschland.* Berlin/New York 1995, S. 355–385.

6   Die „Neue Rhein-Zeitung" schrieb (am 16.6.1983): „,Wenn die Nazis diesen Begriff auch schändlich missbraucht haben', meint der bayerische Ministerpräsident, ,heißt das noch lange nicht, dass dieser Begriff für nichts mehr verwendet werden darf.'"

7   **Stötzel/Wengeler** 1995, S. 367.

von 1982 verschwand also allmählich die Befangenheit gegenüber dem als nationalsozialistisch inkriminierten Wortgebrauch. Als breit genutzte Möglichkeit der öffentlichen Instrumentalisierung der Geschichte und der parteipolitischen Auseinandersetzung wurden allerdings allein die sogenannten „Nazivergleiche" im engeren Sinne dominant.

Geschichtsdeutungsvokabeln

Ging es im ersten Komplex der Schuld- und Weiterverwendungsdiskussion ursprünglich und vor allem um eine Schuldverschiebung auf die Sprache, so geht es im zweiten Komplex der Selbst- und Fremddeutung der Deutschen in ihrer jüngeren politischen Geschichte um strittige Vokabeln, die das gesellschaftliche Verhalten der Deutschen zwischen 1939 und 1945 sowie dessen Folgen interpretieren.

Bereits am Tag der bedingungslosen Kapitulation vermied General Eisenhower in seiner *Declaration Nr. 1*, sich gegenüber Deutschland als Befreier zu bezeichnen, wie er es drei Tage zuvor gegenüber den Niederlanden getan hatte. Ganz offenbar wollten die westlichen Alliierten den Deutschen nicht pauschal den Status befreiter Opfer zugestehen[8].

Die erste Reaktion der Deutschen selbst auf den damals u. a. „Zusammenbruch" genannten Einschnitt vom 8. Mai und auf die anfängliche Kenntnis der Gräueltaten bestand in einer Bestialisierung des KZ-Personals als Schuldstellvertreter der Gesamtgesellschaft[9] und in einer strikten Selbstabgrenzung von der sogenannten „Naziclique"[10].

---

8   Vgl. hierzu **Stötzel**, Georg: „Die frühe Nachkriegszeit", in: **Stötzel/Wengeler** 1995, S. 19–34, bes. S. 21f.

9   Vgl. **Eitz**, Thorsten/**Stötzel**, Georg: *Wörterbuch der „Vergangenheitsbewältigung"*, Band 2. Hildesheim 2009, S. 509. Wörter wie „Schreibtischmörder" bzw. „Schreibtischtäter", die einen Wandel in der öffentlichen Einschätzung der allgemeineren Verstrickung belegen, kamen erst nach dem Eichmann-Prozess 1961 auf.

10 So wurde in den Aufrufen zur Wiedergründung der Parteien KPD, SPD und CDU im Juni 1946 behauptet, das „deutsche Volk" sei als „vertrauensseliges Opfer gewissenloser Abenteurer mißbraucht" worden. Vgl. **Stötzel/Wengeler** 1995, S. 23, und **Falkenberg** 1989 (wie Anm. 4), S. 13.

Sprachliche Strategien im Nazi-Komplex. Die Schulddiskussion.

Am 13. März 1946 wurden die Bewohner der Stadt Düsseldorf von der eben gegründeten „Rheinischen Post" darüber unterrichtet, dass Kardinal Frings und selbst der Papst die Deutschen keineswegs als kollektivschuldig beurteilten[11]. Im sogenannten Befreiungsdiskurs wird durch die Wandlung der Redetopoi zum 8. Mai deutlich, wie sich diese frühe öffentliche bzw. offizielle geschichtliche Selbstinterpretation der Deutschen differenziert und verändert hat[12].

Die erste Reaktion auf den Befreiungstopos der Alliierten finden wir schon im Jahr 1944 im „Völkischen Beobachter": „Was die ‚Befreier' nach Frankreich brachten. Not in italienischem Ausmaß."[13] In Westdeutschland wurden erst ab 1960 allmählich die alten Redeweisen von „Zusammenbruch", „Niederlage", „Tag der Schmach und der Schande" bzw. der „Kapitulation" problematisiert.

In der Regierungszeit von Bundeskanzler Ludwig Erhard wurde 1965 der 8. Mai in einem Bulletin der Bundesregierung zum ersten Mal selbstkritisch als „Tag der Niederlage" in Frage gestellt und stattdessen der 30. Januar 1933 als Tag der eigentlichen Niederlage bezeichnet.

1970 begann unter einer linksliberalen Regierung ein 15-jähriger Streit um die Bezeichnung „Tag der Befreiung" für den 8. Mai 1945. Diese Titulierung war übrigens in der DDR schon seit über 20 Jahren üblich. Zunächst wurde Brandt von CDU/CSU-Abgeordneten davor gewarnt, in seiner Erklärung als Bundeskanzler den 25. Jahrestag der Kapitulation als „Tag der Befreiung" zu

---

11 **Stötzel/Wengeler** 1995, S. 25: Der Papst habe gesagt, „niemand dürfe wegen seiner Zugehörigkeit zu einer bestimmten Gemeinschaft – ohne persönlichen Schuldnachweis – mit Kollektivschuld belastet werden" (**Rheinische Post**, 16.3.1946).

12 Schon 1949, in seiner Rede zur Fertigstellung des Grundgesetzes, dokumentierte der spätere Bundespräsident Heuss die Zwiespältigkeit der Interpretation des 8. Mai 1945: „Im Grunde genommen bleibt dieser 8. Mai 1945 die tragischste und fragwürdigste Paradoxie der Geschichte für jeden von uns. Warum denn? Weil wir erlöst und vernichtet in einem gewesen sind." Siehe **Stötzel**, Georg: „Geschichtliche Selbstinterpretation im öffentlichen Sprachgebrauch seit 1945. Der Befreiungsdiskurs zum 8. Mai", in: Heidrun **Kämper** und Hartmut **Schmidt** (Hrsg.): *Das 20. Jahrhundert. Sprachgeschichte – Zeitgeschichte*. Berlin/New York 1998, S. 250–274, hier S. 257.

13 **Völkischer Beobachter**, Nr. 132, 29.8.1944, S. 1. Zu diesem und den folgenden Belegen siehe: Lexikalische und argumentative Skizze des Befreiungsdiskurses zum 8. Mai 1945, in: **Stötzel** 1998, S. 269–274.

Georg Stötzel

bezeichnen, den diese Abgeordneten in soldatischer Identifikation den „Tag der Waffenniederlegung" nannten.

Zu diesem Zeitpunkt führte Richard von Weizsäcker als 2. Fraktionsvorsitzender der CDU/CSU einen Argumentationstopos in den Diskurs ein, der die Einrichtung bzw. Durchsetzung einer einheitlichen Geschichtsinterpretation verhindern sollte, indem er den 8. Mai durch psychologische Erlebniskategorien relativierte und privatisierte: Jeder habe mit dem 8. Mai 1945 seine eigenen Erfahrungen und „Keiner darf seine eigenen Erfahrungen zum Maßstab für alle machen".

Den entscheidenden Argumentationsumschwung im Bezeichnungskomplex „Befreiung", zu dem u. a. auch die Vokabelpaare „Täter und Opfer", „Machtübernahme und Machtübergabe" gehören, bereitete jedoch der Politologe Peter Graf Kielmannsegg in einem FAZ-Beitrag am 8. Mai 1970 vor, der sich so resümieren lässt: Es ergibt Sinn, im Hinblick auf den 8. Mai von Befreiung zu sprechen, aber nicht in dem Sinne, als seien die Deutschen Opfer gewesen. Deutschland war Täter, und Hitler war Demagoge, aber nicht deutsches Schicksal.

Damit war eine Geschichtsdeutungssemantik ins Spiel gebracht, der zufolge die Deutschen nach 1945 von einem Regime befreit werden mussten, das sie selbst gewollt und gewählt hatten. Fünf Jahre später, also 1975, lässt sich dieses neue Selbstverständnis ablesen an der Rede von Bundeskanzler Helmut Schmidt, der das alte Interpretationsvokabular ablehnte und das neue Selbstverständnis auf einen öffentlichen Bewusstwerdungsprozess zurückführte, der einer Verdrängung der Schuld entgegengewirkt habe.

Nach dem Regierungswechsel 1982 und der sogenannten geistig-moralischen Wende war das Jahr 1985 geprägt von einer großen Heterogenität an Interpretationsaspekten für den 8. Mai: „Niederlage", „Befreiung", „Kapitulation" und „demokratischer Neuanfang" werden nicht nur von unterschiedlichen politischen Gruppierungen jeweils einzeln favorisiert, sondern z. B. von der SPD als gleichwertige geschichtsinterpretierende Vokabeln nebeneinander gestellt. Weizsäcker würdigte in seiner großen Rede nun als Bundespräsident noch einmal alle diese Vokabeln und Aspekte als durch Erlebnisse von

38

Sprachliche Strategien im Nazi-Komplex. Die Schulddiskussion.

Einzelnen und Gruppen legitimiert und wagte dann aber, nach kritischer Abwägung als Staatsoberhaupt für die Bundesrepublik sprechend, den entscheidenden Satz: „Und dennoch wurde von Tag zu Tag deutlicher, was es heute für uns alle gemeinsam zu sagen gilt: Der 8. Mai war ein Tag der Befreiung." Damit wurde die frühere psychologische Beliebigkeit der Benennung durch eine verbindliche politische Interpretation abgelöst bzw. überdacht.

Diesem schon vor der Rede bekannten nationalen Eingeständnis widersprach die Mehrheit der CSU-Abgeordneten durch ihr Fernbleiben von der Feierstunde des Bundestages. Auch kritisierte der Fraktionsvorsitzende der CDU/CSU-Fraktion Dregger die von ihm so genannte Befreiungsformel mit Sätzen wie: „Es muss endlich Schluss sein mit der uns von den Siegermächten aufgezwungenen Geschichtsbetrachtung." Zehn Jahre später versuchte er gar eine rhetorische Rückkehr zum Bewusstsein der militärischen Schmach von 1945, wenn er quasi-kollektivpsychologisch postulierte: Das „Empfinden der Niederlage" von 1945 dürfe nicht „verdrängt" werden!

Obgleich viele deutsche Politiker und Politikerinnen wünschten, dass die öffentliche Gesellschaftsrede nicht mehr hinter Weizsäckers Position zurückfiele, wurde „Befreiung" ebenso wenig eine allgemeine Geschichtsvokabel wie die zur Feiertagsformel herabgesunkene „friedliche Revolution", jene Vokabel der Selbstinterpretation der mutigen Demonstranten für Freiheit in der DDR.

Es blieb bei einer fortdauernden sprachlichen Heterogenität im Geschichtsverständnis der Deutschen – ganz zu schweigen von dem ultrarechten Vokabular, in dem jede Schuldzuweisung bzw. -übernahme mit Kampf- und Hassansagen wie „Auschwitzlüge" und „Befreiungslüge" abgestritten wird.

Nazi-Vergleiche

Die Argumentation gegen die Weiterverwendung von sogenannten „Nazivokabeln" war gegen die entsprechende Gesinnungstradition gerichtet, allerdings wurde diese Gesinnung durchgängig dem politischen Gegner zugeschrieben. Auch der Streit um Geschichtsdeutungsvokabel war aus der

Georg Stötzel

Reflexion über die eigene schuldbeladene Vergangenheit entstanden, wurde dann aber in der politischen Auseinandersetzung im Parteienstreit instrumentalisiert.[14]

In der nun zu analysierenden Sprachpraxis, die wir (seit 1983) als „Nazivergleiche" bezeichnen, war aber die politische Instrumentalisierung der Sprache von Anfang an vorherrschend. Andererseits ist es ihr Spezifikum, dass die Vergleichspraxis sich zur heute aktuellen Frage zuspitzt, inwiefern Antisemitismusvorwürfe in diesem Zusammenhang berechtigt sind.

Zur Auffrischung der Erinnerung verweise ich auf die frühesten Belege der Bezeichnung „KZ" für die Ostzone genannte SBZ bzw. für die DDR, nämlich auf die Titulierung Ulbrichts als „KZ-Chef der Zone" bis hin zu den aktuellen Spätbelegen bischöflicher Verwendung der Bezeichnungen „KZ" oder „Ghetto" für die Palästinensergebiete, speziell den Gazastreifen.[15]

Die Anwendungsgeschichte des Holocaust-Vergleiches reicht von der Zeit unmittelbar nach Aufkommen des Wortes in der deutschen Sprache 1979 durch die Ausstrahlung der amerikanischen Fernsehserie „Holocaust" in den Umweltslogans „Gorleben ist Holocaust" und „ökologischer Holocaust" für das vorher so genannte Waldsterben bis zu „Holocaust auf ihrem Teller" – der PETA-Kampagne gegen Massentierhaltung (2004). Besonderes mediales Aufsehen erregte der Fall der muslimischen Lehrerin Ludin, die sich selbst 2003 im sogenannten Kopftuchstreit mit Holocaust-Opfern verglich. Aus diesem Anlass formulierte der damalige Chefredakteur der „Rheinischen Post",

---

14 Im Fall der deutschen Terroristen geschah dies auch durch eine unauthentische Instrumentalisierung des allmählich positiver konnotierten Widerstandsbegriffs, wie Wolfgang Kraushaar gezeigt hat; siehe **Rheinische Post, 17.7.2007, S. A8: „RAF-Terror war kein Widerstand".

15 Siehe hierzu den Artikel „Konzentrationslager" in: **Eitz**, Thorsten/**Stötzel**, Georg: *Wörterbuch der Vergangenheitsbewältigung*. Hildesheim/Zürich/New York 2007, S. 396–417, bes. S. 399; zu den Spätbelegen z.B.: „Lehmann bedauert den NS-Vergleich", in: **Badische Neueste Nachrichten**. Badische Rundschau, 8.3.2007, S. 1; „Kardinal vergleicht Gaza mit KZ", in: **Rheinische Post, 9.1.2009, S. A6. Als historische Kuriosität soll in Erinnerung gerufen werden, dass der Tierpsychologe Bernhard Grzimek 1972 vor Gericht die Berechtigung erstritt, die in extrem enger Haltung von Hühnern gelegten Eier als „KZ-Eier" zu bezeichnen.

Sprachliche Strategien im Nazi-Komplex. Die Schulddiskussion.

Ulrich Reitz, den sich allmählich herausbildenden Konsens einer öffentlichen Verurteilung dieses ubiquitären historischen bzw. unhistorischen Vergleichens: „Es ist geschichtslos und antisemitisch, weil der Mord an den Juden nicht nur relativiert, sondern miniaturisiert wird."[16]

Schon 1976 hatte der „Osservatore Romano" die Abtreibung mit der Tötung in Hitlers Gaskammern verglichen; in der Nachfolge dessen registrieren wir bischöfliche und erzbischöfliche Vergleiche der sogenannten Pille mit Zyklon B und die Titulierung von abtreibenden Frauen als „Massenmörderinnen".[17]

Die öffentliche Reflexion solcher Vergleiche führte zu einem wachsenden Konsens über die Unzulässigkeit von Nazivergleichen, die mit Sicherheit mediale Aufmerksamkeit garantierten und deren Diffamierungspotenzial in der assoziativen Zuschreibung des allgemein anerkannten Bösen wuchert. Paradoxerweise aber ging die wachsende Ablehnung mit einer inflationär zu nennenden Verwendungshäufigkeit einher. Dies führte zu einem widersinnigen bzw. schizophrenen Ablaufschema besonders bei Personenvergleichen, das wir uns anhand des berühmten Goebbels-Gorbatschow-Vergleichs von Helmut Kohl vergegenwärtigen können. Zunächst hatte der damalige Bundeskanzler Kohl im Oktober 1986 das Vergleichskriterium zwischen dem Ostblockführer und dem Hassprediger des Judenmordes darauf reduziert, dass beide etwas von „Public Relations" verstünden.[18] Dann ließ er durch Regierungssprecher Ost erklären, er habe den Kreml-Chef nicht mit Goebbels „verglichen", bzw. er habe keinen Vergleich beabsichtigt, er bedaure den „falschen Eindruck", dass er Gorbatschow mit Goebbels verglichen habe, und er habe Gorbatschow nicht beleidigen wollen.

---

16 **Rheinische Post**, 24.11.2003, S. 2; vgl. **Eitz/Stötzel** 2007, S. 249f.

17 Vgl. **Eitz/Stötzel** 2009, S. 20. Ein zunehmender öffentlicher Konsens über die Unzulässigkeit solcher Vergleiche wurde u. a. durch den sogenannten Historikerstreit mit seiner Differenzierung der Semantik des Verbs „vergleichen" im Sinne von „gleichsetzen" und von wissenschaftlich notwendigem „Abgleichen" befördert; siehe auch **Eitz/Stötzel** 2007, S. 326ff.

18 Kohl hatte sich entsprechend einer Bestätigung durch Regierungssprecher Schmülling gegenüber „Newsweek" so geäußert: „Gorbatschow ist ein moderner Kommunisten-Führer. Er versteht etwas von Public Relations. Goebbels verstand auch etwas von Public Relations. Man muß die Dinge doch auf den Punkt bringen.", in: **Rheinische Post**, 25.10.1986, S. 1; siehe auch Stötzel in **Stötzel/Wengeler** 1995, S. 376.

Georg Stötzel

Aus der Geschichte der Nazivergleiche wollen wir uns weitere, zum Teil unsägliche Belege ersparen bis auf den Hinweis auf die pietätlose Selbst- und Schutzbezeichnung der westdeutschen Reichen als Träger des gelben Sterns. Mitte der 1970er Jahre erfuhr die Vergleichspraxis eine dramatische Erweiterung und Zuspitzung durch die aufkommende Debatte über „linken Antisemitismus und Faschismus".[19] Dieser Streit wurde ausgelöst durch Fassbinders Theaterstück „Der Müll, die Stadt und der Tod" mit der darin vorkommenden Figur eines unsympathischen jüdischen Immobilienspekulanten. Diese politische Kontroverse verschärfte sich Anfang der 1980er Jahre angesichts der zunehmenden Spannungen zwischen Israelis und Palästinensern. In der Kritik an der Annexion der Golanhöhen 1981 durch Israel und am Libanonkrieg 1982 wurde von deutschen Linken mit Vergleichen zwischen Nationalsozialisten und Israelis argumentativ eine Korrelation hergestellt, die den Staat Israel als Fortsetzung der NS-Diktatur diffamierte.[20]

Der „Spiegel" charakterisierte diese Vergleiche folgendermaßen: „Wie die Juden die Opfer der Nazis waren, so sind die Araber nunmehr die Opfer der Israelis."[21] Die „taz" bezeichnete den Libanonkrieg als „umgekehrten Holocaust", als die von den Israelis angestrebte „Endlösung der Palästinenserfrage".[22]

Henryk M. Broder kritisiert diese Vergleiche seiner offenbar trauerunfähigen „mehr oder weniger lieben linken Freunde" als „Schamlosigkeit", die den Argumentationsmustern konservativer Politiker entsprächen. Statt Aufarbeitung der Geschichte der Elterngeneration geschehe angebliche Geschichtserinnerung nur zum Zweck eines vordergründigen Empörungsprofits, wenn etwa Frauen oder Schwule als „Juden von heute" dargestellt würden. Den „obszönen Vergleich" ‚Israelis gleich Nazis' bzw. ‚Palästinenser als Juden der Israelis' charakterisiert er als Ausdruck der Verdrängung der Schuld der Elterngeneration, als – so wörtlich in Broders ironischer Kriegsmetaphorik –

---

19 Vgl. **Eitz/Stötzel** 2009, S. 6off.
20 Vgl. **Eitz/Stötzel** 2009, S. 24ff.
21 **Der Spiegel** vom 11.5.1981, S. 24.
22 TAZ, zitiert nach: **Die Zeit**, 13.8.1982, S. 13.

„historische und psychologische Entlastungsoffensive".[23] Der heutigen Generation wirft er vor, den Rassismus der Eltern geerbt zu haben: „Euer Jude von heute ist der Staat Israel."[24]

Dieser Strategie der oberflächlichen und abstrusen Verzerrung der Geschichte und einer Verdrängung einer historischen Schuld der Elterngeneration – und der damit selbsterteilten Generalabsolution – diene auch die geschichtsblinde kritische Fixierung auf den Staat Israel: „Aber Gott sei Dank gibt es da noch den Überjuden, den Staat Israel, um den Ihr Euch mit einer Verbissenheit kümmert, als hättet Ihr sonst nix zu tun."[25]

In der anschließenden Diskussion entwickelte sich ein Problempanorama, das sich angesichts von neuen konkreten Konfliktfällen jeweils differenziert und vergrößert und immer ausufernder und verwirrender wird. Dabei ging es vor allem um folgende Fragen:

1. Kann es überhaupt linken Antisemitismus geben? 2. Muss man nicht streng zwischen Antisemitismus und Antizionismus (das heißt Israelkritik) unterscheiden? Und führt 3. die ubiquitäre bzw. inflationäre Verwendung des Antisemitismus-Begriffs (bei Henryk M. Broder) nicht dazu, dass dieser semantisch entleert wird bzw. zu einem Synonym für jede israelkritische Einstellung wird, wenn eben auch die Israelkritik, die nicht die Existenzberechtigung des Staates Israel in Frage stellt bzw. die sich freundschaftlich-kritisch versteht, als antisemitisch eingestuft wird?

Schon 1976 hatte Jean Améry anlässlich der Auseinandersetzung um das oben erwähnte Fassbinder-Stück geäußert, dass ein latenter Antisemitismus sich oft als Antizionismus drapiere,[26] und Joachim Fest hatte in dem Stück ein Musterbeispiel für „linken Faschismus" und „linken Antisemitismus" gesehen. Dagegen hatte Gerhard Zwerenz apodiktisch erklärt: „Linker Antisemitismus ist unmöglich [...] Der Antisemitismus ist rechts, national, biologistisch, rassistisch."[27] Broder verschärfte die Kontroverse über die neue deutsche Linke und den „alltäglichen Antisemitismus", indem er Zwerenz'

---

23 **Broder,** in: **Die Zeit,** 27.2.1981, S. 10; vgl. **Eitz/Stötzel** 2009, S. 25.
24 **Eitz/Stötzel** 2009, S. 62.
25 **Die Zeit,** 27.2.1981, S. 9f.; vgl. **Eitz/Stötzel** 2009, S. 62.
26 **Die Zeit,** 9.4.1976.
27 **Die Zeit,** 9.4.1976 , S. 34.

Georg Stötzel

Behauptung eine „verlogene Ausrede" nannte und den westdeutschen Linken „versteckten Antisemitismus" vorwarf.[28]

1986 hat Broder in seinem Buch „Der ewige Antisemit. Über Sinn und Funktion eines beständigen Gefühls"[29] wesentlich ausholender argumentierend, als er dies vier Jahre zuvor getan hatte, und ausführlich und mit nachvollziehbaren Begründungen auf diese Einwände reagiert: Er skizzierte darin eine Geschichte des deutschen Antisemitismus – einschließlich des linken –, die u. a. Zwerenz' Position als völlig haltlos erweist. Broder zeigte anhand einer historischen Skizze, wie Israelkritik Hand in Hand mit dem weltweiten Antisemitismus in den internationalen Institutionen an der Delegitimierung des Staates Israel arbeitet und wie dessen Existenz so bedroht ist, dass eine

---

28 Den Vorwurf, er trenne nicht zwischen Antisemitismus und Antizionismus, hatte Broder 1981 mit folgender Argumentation gekontert: „Euer Antizionismus ist nichts anderes als eine von links her aufgemotzte Variante des Antisemitismus: gleiche Logik, gleiche Methodik, gleiches Vokabular, nur ‚Jude' gegen ‚Zionist' ausgetauscht" (**Die Zeit,** 27.2.1981, S. 9f.). Der hier von Broder vorgenommenen Gleichsetzung von Antisemitismus und Antizionismus hatte der Historiker Michael Wolfssohn 1983 folgendermaßen widersprochen: „Kritik an Israel, auch sehr herbe Kritik, ist keinesfalls mit Antisemitismus gleichzusetzen (auch wenn sehr oft das Gegenteil behauptet wird)" (**Die Zeit,** 27.5.1983, S. 10). Diese bloße Gegenbehauptung von Wolfssohn wurde in einer differenzierten semantischen Argumentation gegen Broder in einem „Zeit"-Leserbrief von 1986 mit folgender Argumentation unterstützt: „[...] geht es an, die zweifelhafte moralische Position (d. h. die einer Israelkritik) und die ‚vergleichende Verharmlosung' (d. h. die der Palästinenser-Vergleiche) einer linken Israelkritik umstandslos mit Antizionismus und Antisemitismus zu identifizieren?" Für den hier zitierten Fragesteller war es nur eine rhetorische Frage, denn er fährt fort: „Ich glaube nicht", und er erklärt: „Bei Broder läuft der Antisemitismus-Begriff beständig Gefahr, zu einem Synonym für alle israelkritischen Einstellungen zu werden. Damit aber verliert er jede Trennschärfe und wird nur noch als politischer Kampfbegriff verwendbar [...] die Gleichung: linke Israelkritik = Antizionismus = Antisemitismus geht nicht auf. Denn sie [das heißt die linke Israelkritik, G. St.] stellt mit ihrer Kritik an israelischer Innenpolitik und Außenpolitik nicht die Existenz Israels als Staat aller in Israel lebenden Menschen, Juden wie Araber, in Frage" (**Die Zeit,** 3.10.1986, S. 28; **Eitz/Stötzel** 2009, S. 62f.). Damit führte der Verfasser gegen Broders Wortgebrauch das diskussionswürdige operationale Kriterium der Vernichtungsabsicht für die Verwendung von „Antisemitismus" in die Diskussion ein.

29 **Broder,** Henryk M.: *Der Ewige Antisemit. Über Sinn und Funktion eines beständigen Gefühls.* Frankfurt am Main 1986.

zweite Endlösung auf israelischem Boden Realität werden könnte.[30] Methodisch stützt sich Broder dabei nicht auf systematisch-quantitative Analysen, sondern auf sozialpsychologische Ansätze, wie jene von Alexander und Margarete Mitscherlich, die aufgrund von Spontanbeobachtungen die Infektionswirkung anscheinend nur individueller Einstellungen auf Großgruppen analysiert haben. Im Hinblick auf den Ausgangspunkt der Kontroverse – die Nazivergleiche der Israelkritik – kritisierte Broder beispielsweise im Detail solche Vergleiche wie die Rudolf Augsteins, der die schweigende Mehrheit der Juden angesichts israelischer Militäraktionen in ihrer moralischen Schuld gleichsetzte mit der schweigenden Mehrheit der Deutschen während des Holocaust.[31]

Den öffentlichen Widerspruch gegen seinen weiten Antisemitismusbegriff erklärte er mit einer an Sigmund Freud angelehnten Terminologie als Verdrängungsphänomen der unbefangenen Israelkritiker.[32] Diese sogenannten „ehrbaren Antisemiten"[33] tradierten unbewusst den Antisemitismus als Erbe des christlichen Abendlandes[34], wobei dieser Antisemitismus gegen Aufklärung immun sei[35]. Zu 70 Prozent könne man bei den Deutschen – nach empirischen Analysen von Alphons Silbermann[36] – einen Antisemitismus diagnostizieren, der sich zum Teil ein Ventil im Antizionismus als libidinöse Ersatzbefriedigung suche,[37] da die frühere Trennung von Antizionismus und Antisemitismus insofern nach Auschwitz aufgehoben sei, nachdem der öffentliche Antisemitismus geächtet worden sei.[38]

Von diesem Standpunkt aus machte Broder den Israelkritikern einen Vorschlag zu einer Art Selbsttherapie: Natürlich seien Entscheidungen und

---

30 Vgl. ebd., S. 17.
31 Vgl. ebd., S. 33.
32 Vgl. ebd., S. 42.
33 Ebd., S. 39.
34 Vgl. ebd., S. 30.
35 Vgl. ebd., S. 34.
36 Vgl. ebd., S. 206ff.
37 Vgl. ebd., S. 40f. und S. 207.
38 Vgl. ebd., S. 40.

Maßnahmen israelischer Regierungen oft in hohem Maße kritikwürdig, aber die deutschen Kritiker in ihrem unbedarften Selbstbewusstsein sollten sich nach ihren tiefsitzenden und verborgenen Motiven fragen,[39] da in ihren Palästinenser-Vergleichen eine aus dem Schuldkomplex erwachsene – zugegeben unbewusste – Aufrechnungsmentalität zutage trete.

Soweit wir den Diskurs weiter verfolgt haben, blieb Broders Erklärungsversuch sowohl in der semantischen Diskussion wie auch in der Verhaltensinterpretation in der deutschen Medienöffentlichkeit weitgehend unbeachtet bzw. unakzeptiert, wenngleich sein Taschenbuch 2005 eine zweite Auflage erlebte.

Von den Gegenpositionen in dieser Antisemitismuskontroverse wollen wir nur einige nennen: In den Jahren 1998/99 warf Ignaz Bubis nach der berüchtigten „Auschwitzkeulen"-Rede Walsers diesem „latenten Antisemitismus" vor. Daraufhin konterte (in Walsers Sinn: ausgerechnet!) Reich-Ranicki, Bubis hantiere leichtsinnig mit der Vokabel Antisemitismus: „Ich schlage vor, sie von nun an nur noch in Ausnahmefällen zu verwenden. Denn ihr unbedachter, ihr inflationärer Gebrauch verdunkelt gerade das, was unbedingt der Aufklärung bedarf."[40]

Nach Jamal Karslis Vergleich des Vorgehens der israelischen Armee mit Nazi-Methoden entwickelte sich 2002 im NRW-Wahlkampf abermals eine jetzt stark parteipolitisch beeinflusste Debatte über Israelkritik und Antisemitismus. Otto Graf Lambsdorff (FDP), dessen Partei Karsli nach seinem Rauswurf bei den Grünen aufgenommen hatte, erklärte apodiktisch: „Kritik an Entscheidungen der israelischen Regierung ist erlaubt. Aber jeder Hauch von Antisemitismus ist der liberalen Partei unwürdig."[41] Implizit wird damit der Anspruch erhoben, dass die Partei bestimme, was Antisemitismus ist. Der Historiker Julius H. Schoeps bereicherte das Argumentationsarsenal mit einer differenzierenden Stellungnahme zu einem Brief von Norbert Blüm an den israelischen Botschafter vom 2. April 2002. Blüm hatte die Maßnahmen

---

39 Vgl. ebd., S. 36ff.
40 **FAZ,** 2.12.1998, S. 41; siehe auch **Eitz/Stötzel** 2009, S. 68.
41 **FR,** 11.5.2002, S. 4; **Eitz/Stötzel** 2009, S. 69.

der israelischen Armee als „hemmungslosen Vernichtungskrieg"[42] bezeichnet. Dazu Schoeps: (Die von Blüm geäußerte) Israelkritik und Antisemitismus hätten zwar „direkt nichts miteinander zu tun, aber der Konflikt im Nahen Osten schürt den Antisemitismus hier vor Ort."[43]

Angesichts der gegenseitigen persönlichen Antisemitismus-Beschuldigungen warnte der „Spiegel" vor der Instrumentalisierung dieses als „Antisemitismus-Hammer"[44] bzw. „Antisemitismus-Keule"[45] bezeichneten Begriffs: „Der Antisemitismus-Verdacht, der das Gewicht von sechs Millionen Gemordeten mit sich weiß, ist der Overkill im öffentlichen Raum. In schon rituellen Abständen wird diese Keule durch die Arena geschwungen. In Wahlkampfzeiten ist sie besonders wirksam. Und besonders unappetitlich – da wird die Erinnerung an den Holocaust zum taktischen Manöver herabgewürdigt."[46]

Der Münchner Historiker Michael Brenner machte in der „Neuen Züricher Zeitung" auf den Entsemantisierungseffekt eines inflationären Wortgebrauchs aufmerksam: „Mit dem Vorwurf des Antisemitismus ist man derzeit schnell bei der Hand. Die inflationäre Verwendung des Begriffs lässt seine Konturen verschwimmen."[47]

Nach der Hohmann-Affäre im Jahr 2003 versuchte die „Süddeutsche Zeitung" ein sprachkritisches Fazit zu ziehen: „In zwei Lager spalten sich die Auguren. Während die einen allezeit bereit sind, die Alarmglocken zu läuten, scheinen die anderen verabredet zu haben, dass Antisemitismus erst dann existiert, wenn er als Auftakt zum Völkermord oder wenigstens als Brachialdelikt wahrzunehmen ist."[48] Die neuesten Auseinandersetzungen mit Jakob Augstein erwecken nicht den Eindruck, als bewegten sich die Fronten

---

42 **TAZ,** 4.4.2002, S. 4.
43 Ebd.; Möllemann legte gegenüber Lambsdorff und in diametralem Gegensatz zu Broder noch einmal nach und erklärte, er werde „nicht dulden, dass Kritik an der Regierung Sharon als Antisemitismus diffamiert wird" (zit. nach **TAZ,** 7.5.2002, S. 2); auch hier bleibt der strittige Begriff im Dunkeln, bzw. er wird als einheitlich und bekannt vorausgesetzt.
44 **TAZ,** 11.6.2002, S. 12.
45 **SZ,** 31.5.2002, S. 4.
46 **Der Spiegel,** 27.5.2002, S. 27.
47 **NZZ,** 22.7.2002.
48 **SZ,** 11.11.2003, S. 11.

in diesem Streit. Allerdings haben wir 2007[49] bei dem damaligen Abschluss unserer Diskurschronologie in der Beilage „Aus Politik und Zeitgeschichte" der Wochenzeitung „Das Parlament" eine Definition der Redakteurin Sabine Klingelhöfer gefunden, die alle wesentlichen Charakteristika des Broderschen Antisemitismusbegriffs enthält und in der sich folgende Phänomenbeschreibung findet: Da offener Antisemitismus in der Öffentlichkeit geächtet sei, werde Judenfeindlichkeit, die in der Mitte der Gesellschaft existiere, über Andeutungen, Codes und Chiffren transportiert, und antisemitische Vorurteile würden häufig über den Umweg einer scheinbar rationalen Kritik kommuniziert[50]. Ob diese erste mediale Stimme Chancen hat, sich allgemeiner zu verbreiten, und ob sich schließlich die Semantik von Antisemitismus im Deutschen so verändert, dass sie Israelkritik mit einschließt – zur Klärung dieser Fragen könnte die aktuelle Diskussion beitragen.

Die anhaltenden semantischen Kämpfe um ein zentrales Wort der Interpretation und damit zugleich der Konstitution der sogenannten Realität der jüngeren Vergangenheit bzw. der Gegenwartsgeschichte zeigen das Unverständigtsein unserer Gesellschaft über diesen Problemkomplex. In ihrer Diffusität hinderten sie uns, zum „eigentlichen Ziel" zu kommen, wie der israelische Historiker Moshe Zimmermann auf metakritische Art und Weise bemerkte: „Wenn der Begriff Antisemitismus zwischen Instrumentalisierung und Alibi hin und her geschaukelt wird, verfehlt man das eigentliche Ziel – aus der Vergangenheit zu lernen, was Vorurteile sind, wohin Antisemitismus führen kann und wie man Rassismus und Antisemitismus bekämpft."[51] Allerdings handelt es sich bei solchen wohl gut gemeinten formal-analytischen Formulierungen um eine Art von leerer Kurzschlussrhetorik: Denn wie will man Antisemitismus bekämpfen, wenn umstritten ist, was Antisemitismus eigentlich ist? Wir haben gesehen: Die Positionen wiederholen sich, und das Problem bleibt bestehen.

---

49 Vgl. **Eitz/Stötzel** 2009, S. 74f.
50 **APuZ,** Vgl. 30.7.2007, S. 2.
51 **SZ,** 13.11.2003, S. 15.

Sprachliche Strategien im Nazi-Komplex. Die Schulddiskussion.

Damit haben wir uns ein breites Spektrum von Argumentationen mitsamt ihrer Anwendungssituationen vor Augen geführt. Unsere Erörterungen haben aber wohl auch gezeigt, dass die eigentliche Frage aus sprachwissenschaftlicher Sicht lautet: Wie ist ein bestimmter Begriff von Antisemitismus zu legitimieren und wie kann ich legitimieren, bei Israelkritik von Antisemitismus zu sprechen?

Die politisch-moralische Problematik wird dadurch verkompliziert, dass einem sprachtheoretisch reflektierten Bewusstsein präsent ist, dass es nicht nur schwierig, sondern prinzipiell unmöglich ist, inmitten konkurrierender Weltansichten, die grundsätzlich sprachlich konstituiert und gebunden sind, eine quasi neutrale, ‚objektive' Realität als Berufungsinstanz zu identifizieren. Nur eine ideale demokratische Streitkultur mit einer hoch entwickelten Diskussionstoleranz könnte dem vielleicht schrittweise abhelfen. Angesichts der hier mitverhandelten geschichtlichen Ungeheuerlichkeiten scheint aber selbst diese Vision womöglich eine unrealistische Zumutung zu sein.

Podiumsdiskussion

Moderator: Sven Gösmann

Teilnehmer: Henryk M. Broder, Dr. Wolfgang Kraushaar, Prof. Dr. Georg Stötzel

Sven Gösmann: Herr Broder, ich würde noch einmal kurz bei Ihnen bleiben, weil Sie gerade aufgehört haben. Und zwar ist es sehr auffällig, wenn wir auch über mediale Rezeptionen reden, dass Ihnen in der Augstein-Debatte nur wenige beigesprungen sind. Sie haben aber Sendeverbot erhalten in einem öffentlich-rechtlichen Sender, beim RBB, beziehungsweise sich das dann auch genommen. Fühlten Sie sich dabei alleine gelassen, ist das eine bezeichnende Art und Weise des Umgangs, dass man Sie zum Spinner erklärt? Herr Augstein hat es ja auch selber gemacht.

Henryk M. Broder: Nein. Also, es ist ja so, irgendjemand muss ja anfangen, und das war dann zufällig ich. Und am Anfang sah es so aus, als wäre ich sozusagen der einzige Geisterfahrer und alle anderen würden mir entgegenkommen. Dann kippte die Situation langsam, und am Ende war, mit aller Bescheidenheit, Jakob Augstein der zweite Sieger. Ich habe mich irgendwann mit einem der Chefredakteure des „Spiegels" unterhalten, relativ am Anfang der Affäre, und ich habe ihm gesagt: Herr Soundso, Augstein wird die Sache verlieren. Und er sagte, nein, er hat sie schon verloren, nämlich spätestens, als er das Interview mit Dieter Graumann im „Spiegel" hatte, wo er wirklich auf die menschlichen und emotionalen Äußerungen von Graumann mit der Eiseskälte eines Schäferhundes reagiert. Und es sprangen mir dann ganz viele Leute zur Seite, ich war selbst verwundert, wer sich plötzlich hinter mich stellte, nachdem ich ein bisschen den Grund bereinigt hatte.

Aber ich war da nicht alleine, ich war auch nicht verzweifelt, und ich habe auch kein Sendeverbot bekommen. Ich habe nach zwölf Jahren mit einer Sendung aufgehört, weil ich mich von dem Sender einfach hintergangen fühlte. Die haben an einem Tag mein Programm abgesetzt und stattdessen den dümmlichen Herrn Schoeps ins Programm gehoben, der auch dieses Zitat sagt, das ich vorgelesen habe: „Ja, man müsse da sehr aufpassen, man dürfe

Symposium

Augstein nicht an die Wand stellen." Ich habe dem Sender gesagt, es gibt keinen Grund, Schoeps nicht zu interviewen, außer, dass er blöd ist, aber man kann ihn trotzdem interviewen. Sie können ja mich meine normale Sendung machen lassen und dann Schoeps trotzdem auftreten lassen, und sie sagten: Nein, an diesem Tag sei es zu heikel und wenn man mich auch ins Programm lässt, wäre das wie eine Stellungnahme des Senders. Da habe ich gesagt: Okay. Und inzwischen finde ich das prima, dann kann ich freitagmorgens ausschlafen.

Herr Kraushaar, es ist auffällig: Wiederholt sich die Antisemitismusdebatte unter neuen Vorzeichen? Also wir haben jetzt Jakob Augstein, Spross von Herrn Walser, seit ungefähr zehn Jahren, vielleicht ein bisschen mehr. Davor die Auschwitzkeule und davor hatten wir Rainer Werner Fassbinder. Ist es doch ein gewisser Zyklus, vielleicht anders als Broder eben vermutet hat, indem sich in unserer Gesellschaft immer wieder eine neue Generation mit dieser Frage beschäftigt?

Wolfgang Kraushaar: Also zunächst einmal würde ich sagen, dass es sehr lange gebraucht hat, bis es überhaupt zu diesen Debatten gekommen ist. In den 1950er und 1960er Jahren hat es vergleichbare Debatten nicht gegeben. In den 1970er Jahren hat es ebenfalls lange gebraucht. Und das, was Broder jetzt für sich beansprucht, nämlich 1976 sozusagen interveniert zu haben, das scheint tatsächlich so zu sein, und zwar im Zusammenhang mit Entebbe. Das war ja der Auslöser für seine Intervention in der Öffentlichkeit, als es nämlich zu der Selektion zwischen Juden und Nicht-Juden im Zuge einer Flugzeugentführung gekommen ist, durch einen deutschen Studenten namens Wilfried Böse, der aus Frankfurt stammte. Er hat das im Namen der PFLP, einer palästinensischen Organisation, in Uganda durchgeführt. Das war sozusagen der Auslöser für eine bestimmte Debatte, und danach hat es immer wieder neue Wellen gegeben. Die Fassbinder-Debatte ist eine Welle gewesen, die bereits in den 70er Jahren eine Rolle gespielt hat, zur selben Zeit etwa, dann kulminiert es noch einmal 1985 im Streit um das Fassbinderstück, und danach taucht das immer wieder neu auf.

Podiumsdiskussion

Man hat den Eindruck, als sei es wie eine Stelle, an der es juckt, und irgendwann hat man so viel Salbe darüber ausgebreitet, dass der Juckreiz verschwunden ist, und irgendwann bricht er wieder von neuem auf. Das heißt, es scheint mir ein Indiz dafür zu sein, dass die Dinge, die mit diesem Komplex zu tun haben, nicht wirklich bearbeitet werden können, im Sinne einer Art von Aufklärungsstrategie, und dem würde ich wirklich sehr zustimmen wollen. Den Anspruch und die Hoffnung, dass man mit aufklärerischen Mitteln den Antisemitismus sozusagen besiegen könne, lösen könne, das halte ich für einen großen Irrtum, für eine große Illusion. Das ist überhaupt nicht der Punkt, wobei ich nicht gegen die Aufklärung und die Aufklärung darüber argumentieren möchte. Ich möchte nur sozusagen vor den Illusionen, die damit verknüpft werden, warnen, denn es ist nicht einfach so, dass man sozusagen mit rationalen Mitteln an diese antisemitische Dimension heranrührt; das ist das große Problem. Und das macht sozusagen auch die Misslichkeit im öffentlichen Diskurs darüber aus, dass man immer wieder den Eindruck hat, dass die Argumente, die ausgetauscht werden, letztendlich ungenügend sind.

Sind die Argumente, die ausgetauscht werden, doch immer in gewisser Weise dieselben oder gar die gleichen? Also gibt es immer wieder ein Verhaltensmuster, dass jemand den Finger in die Wunde legt wie im aktuellen Fall Herr Broder oder auch damals schon Herr Broder, und dann wird darauf reagiert in bekannter Weise – oder verändert sich das?

Wolfgang Kraushaar: Natürlich verändert sich das. Also ich habe ja versucht, das an einer Stelle auf den Punkt zu bringen, dass der Antisemitismus atavistisch und modern zugleich sei und dass er immer wieder mutieren würde. Insofern ist es naheliegend, dass wir es mit einer Dynamik zu tun haben, aber einer Dynamik auf der Basis von etwas, das sich letztendlich von der Tiefendimension kaum oder gar nicht verändert. Das ist das Problem. Und dessen muss man sich dabei bewusst sein. Ich denke auch, dass eine antisemitische Stimmung erst unter bestimmten politischen Vorzeichen oder Rahmenbedingungen wirklich sozusagen zum Ausbruch gelangen könnte, wir erleben

53

das ja momentan in Ungarn. In Ungarn haben wir vor Augen, wie eine Regierung unter Orbán sich der antisemitischen Klischees bedient, obwohl viele der ungarischen Intellektuellen, die ich in der letzten Zeit gesprochen habe, überzeugt sind, dass Orbán persönlich kein Antisemit sei, sondern er offenbar der Überzeugung ist, dass ihm das in den Kram passt, dass er damit sozusagen seine politische Position stärken könne. Und deshalb nimmt er das in Kauf und nimmt auch die Vorwürfe seitens der anderen Staaten im Rahmen der Europäischen Union in Kauf und so weiter. Das heißt, wir haben dort so etwas wie eine politische Rahmenbedingung, die dazu führen kann, dass ein Antisemitismus sich aktualisiert, und der gewinnt dort schon eine handgreifliche Dimension. Das geht über bloße Rhetoriken weit hinaus. Wenn Sie von den Großstädten mal absehen, auf dem Land ist es so, dass es sehr, sehr schwierig ist, dort sich entsprechend identifizieren zu lassen, und da kommt es wirklich zu Handgreiflichkeiten. Da hat es wirklich sozusagen schon eine brachiale Gewalt angenommen. Und ich bin erstaunt darüber, dass bislang eigentlich an Reaktionen seitens der Europäischen Union so wenig geschehen ist im Hinblick auf Ungarn. Das ist jetzt nur ein Beispiel dafür, um deutlich zu machen, dass es nicht einfach nur eine Frage des Austausches von Argumentationen und Argumentationsfiguren ist, sondern es ist zugleich immer die Frage nach den Bedingungen und Voraussetzungen, unter denen diese Argumente und Figuren beziehungsweise auch Klischees und Stereotypen dann auf einen fruchtbaren Boden fallen können oder nicht.

Herr Professor Stötzel, es gibt immer wieder Versuche, Israelkritik, die über das Ziel hinausschießt, mit emotionaler Betroffenheit zu begründen. Es gab ein gutes Beispiel der SPD: Der Parteivorsitzende war in Ghaza und schrieb hinterher in Facebook: Das ist ein Apartheids-Regime, für das es keinerlei Rechtfertigung gibt. Relativ häufig eigentlich, solche Phänomene, auch der Hinweis auf Südafrika als ein vermeintlich überwundener Unrechtsstaat. Ist das eine neue Form, mit den Begrifflichkeiten zu arbeiten, ist es nur eine Form von Dummheit, oder ist darin auch ein antisemitisches Motiv zu finden? Wenn ich Ihnen bisher allen dreien auf dem Podium zugehört habe, würde ich sagen, der Lackmustest, wenn es ihn doch dann gäbe, bei Sigmar Gabriel würde jetzt ausschlagen.

Podiumsdiskussion

Georg Stötzel: Wir als Sprachwissenschaftler haben das Problem bei dieser Frage, dass das insofern so speziell ist und sich zum Beispiel von allen anderen semantischen Kämpfen unterscheidet, dass wir uns mit der Beurteilung erst einmal zurückhalten würden. Das Besondere an diesem Streit ist, dass, wenn man auf andere Phänomene guckt, also auf andere semantische Streits, andere Auseinandersetzungen, die wir untersucht haben, dass diese sich irgendwann lösen, weil es Argumente gibt. Wir haben ja hier Grundsatzdebatten in Deutschland gehabt über andere Phänomene, zum Beispiel bei der Abtreibungsdiskussion, ab wann ein Embryo sozusagen als Mensch durch das Grundgesetz geschützt sein soll. Und als dann in der Argumentation Fotos auftraten, wo man Embryos im dritten Monat sah, die schon Gesicht und Hände ausgebildet hatten, da war die Argumentation derer, die für lange Fristen waren, erledigt.

Beim Antisemitismus haben wir das Problem, dass es nicht einmal um eine mögliche Einheitlichkeit geht, denn darüber reden wir ja immer. Wenn wir diskutieren, sonst würden wir sofort aufhören zu diskutieren, folgen wir ja dem Telos, dass wir die Wahrheit finden wollen. Und das würde bedeuten, dass wir unproblematisch gemeinsam und einheitlich über etwas reden. Dann ist es eine unproblematische Realität. Aber bei dem Antisemitismus ist es nun so, das sehen wir auch durch die Teilnahme sozusagen aller möglichen Nationen und auch aller möglichen Ethnien mit ihrem eigenen Sprachgebrauch, dass man von vornherein sagen kann, das wird nie zu einer Einheitlichkeit kommen. Die Einheitlichkeit könnte man vielleicht nur mit Gewalt erzwingen. Also insofern sehe ich auch bei aller geschätzten Schärfe und Ironie, mit der Sie argumentieren, dass es trotzdem ein Phänomen ist, das zeigt, dass wir überhaupt miteinander kommunizieren. Das heißt, dass also überhaupt der Versuch gemacht wird, miteinander zu reden. Und deswegen finde ich es auch wichtig, das als Kritik anzuerkennen, wenn Herr Broder sagt, auf gewisse Äußerungen hin wird geschwiegen, bekomme ich keine Antwort. Das kann es nicht sein. Das bewegt uns eigentlich nicht in der Kommunikation, sondern wir möchten gerne, sonst würden wir nicht miteinander reden, dass wir uns verständigen.

Symposium

Henryk M. Broder: Wenn ich was dazu einwenden darf: Es ist nicht nur eine Frage der Kommunikation, wobei natürlich von ihrem wissenschaftlichen Standpunkt aus betrachtet das vollkommen richtig ist. Es ist auch eine Frage der Tabus, wir erleben das gerade in der Pädophilen-Debatte, wo Leute von einer Geschichte eingeholt werden, die 30 bis 40 Jahre zurückliegt. Es gibt in der Bundesrepublik keine Möglichkeit, Pädophilie zu rechtfertigen. Das ist kein Diskussionsthema, und das finde ich vollkommen richtig so. Im Jahre 1990 hat der Bundestag ein Gesetz verabschiedet, das Vergewaltigung in der Ehe unter Strafe stellt, unter größtem Widerstand großer Teile der CDU-Fraktion, die sich ihr naturgegebenes Ur-Recht nicht vom Gesetzgeber nehmen lassen wollten. Heute wäre eine solche Debatte unmöglich. Und es war damals die richtige Entscheidung, auch wenn die Beweisführung bei ehelichen Vergewaltigungen ein bisschen kompliziert ist. Aber es kam darauf an, dass die Gesellschaft ein Statement abgibt: Das dulden wir nicht. Und etwas Ähnliches hat es eine Weile gegenüber dem Antisemitismus gegeben. Das war ein Tabu, das war ein Gelände, das war ein No-Go, völlig zu Recht. Und dieses No-Go ist aufgeweicht, aufgelöst worden durch die Zionismusdebatte. Wie Herr Kraushaar richtig ausgeführt hat, ist das der legitime, der aseptische, der saubere Ersatz für den Antisemitismus. Wer heute fröhlich sagt, ich bin ein Antisemit – und ich warte darauf, dass ich einem begegne, der so was sagt, ich würde ihm sofort alle meine Konten anvertrauen, weil es ein ehrlicher Mensch wäre. Aber wer heute sagen würde, ich bin ein Antisemit, wäre erledigt, nicht unbedingt strafrechtlich, aber gesellschaftlich. Und der Antizionismus bietet da diesen wunderbaren Ausweg. Schauen Sie, es gibt keine antisemitische Öffentlichkeit in der Bundesrepublik. Es gibt keinen „Stürmer", es gibt keinen „Völkischen Beobachter", sie finden ab und zu ziemlich schreckliche antisemitische, antizionistische Beiträge in der „taz", zwei Tage später finden Sie das Gegenteil, da gibt es keine richtige Linie. Es gibt in diesem Land, und das ist ein großer Fortschritt, keine antisemitische Öffentlichkeit.

Aber es gibt natürlich Antisemitismus und Antisemiten. Und der geht dann sehr seltsame Wege und da kreuzen sich wieder unsere Analysen, wenn auch aus verschiedenen Positionen heraus. Es gibt x Äußerungen von

Podiumsdiskussion

Ahmadinejad, der sagt, Israel ist ein Krebsgeschwür, Israel muss von der Landkarte verschwinden, Israel ist die größte Bedrohung für die islamische Welt. Vor fünf Jahren hat Katajun Amipur in der „Süddeutschen" einen Artikel geschrieben, indem sie ausgiebig darstellt, Ahmadinejad habe nie den Satz gesagt „Israel muss von der Landkarte verschwinden". Es gibt Bilder, wo Ahmadinejad eine Rede hält, und über ihm hängt ein Transparent „Israel must be wiped of the map". Und Frau Amipur hat nachgewiesen, mit sprachwissenschaftlicher Kunst, dass Ahmadinejad nicht gesagt hat „Wir werden Israel von der Landkarte ausradieren", er hat nur gesagt, Israel werde von den Seiten der Geschichte verschwinden. Und seitdem höre ich das Argument immer wieder, die ganze Anti-Iran-Propaganda beruhe auf einem Übersetzungsfehler, als ob es ein großer Unterschied wäre, ob ich einen Satz transitiv oder intransitiv formuliere: Ich werde sie ermorden oder sie werden eines Tages ermordet werden. Das ist der ganze Unterschied. Und deutsche Intellektuelle, in Scharen, liefern sich eine Debatte darüber, wie dieser Satz gemeint war. Der Satz war so gemeint, wie er ausgesprochen war: Das Ding gehört weg. Und das ist es, was mich erschüttert, dass das Offensichtliche nicht zur Kenntnis genommen wird. Das Offensichtliche! Es geht nicht um feine Verästelungen auf psychoanalytischer Ebene, es geht um die Androhung von Vernichtung.

Herr Kraushaar, es gibt eine Analyse von Dieter Graumann, der sagt, der Antisemitismus in Deutschland sei von rechts nach links gewandert und von christlich zu islamistisch. Ist das eine Tendenz, die Sie auch wahrnehmen? Erster Teil der Frage. Der zweite Teil ist: Wenn man sich Ihre politische Sozialisation anschaut, so machen Sie ja eigentlich heute etwas, und ich sage das jetzt in meinen Worten, Ungeheuerliches. Sie kritisieren das eigene Lager in einer sehr schwierigen Frage – eigentlich einer eindeutigen, aber für das linke Lager sehr schwierigen Frage. Wie begegnet man Ihnen dort?

Wolfgang Kraushaar: Ich würde das nicht so wie Herr Graumann beschreiben, mit dieser Wanderung, die Sie eben bezeichnet haben, sondern ich sehe darin – nur sozusagen unter Aktualitätsvorzeichen – eine Art von Aufmerksamkeitsstruktur, die sich natürlich ändert, aber ich sehe keinen grundsätzlichen Wanderungsprozess. Was Sie jetzt in Bezug auf meine Person ansprechen, so ist es tatsächlich so, das ist ja kein Problem, das jetzt hier einzuräumen: Ich bin jemand, der sich selber als radikaler Linker verstanden hat, nicht nur Ende der 1960er, sondern auch in den 1970er Jahren, und ich begreife mich auch heute noch als Linken. Aber die Position, die sich bei mir verändert hat, ist die, dass ich früher ein vehementer Befürworter außerparlamentarischer Bewegungen gewesen bin und das bin ich nicht mehr in derselben Art und Weise, wie ich das früher gewesen bin. Für mich stellt es einen hohen normativen Wert dar, die parlamentarischen Institutionen, die rechtsstaatlichen Institutionen zu verteidigen und sie nicht im Grunde genommen von vorneherein unter Faschismusverdacht zu stellen, wie das damals üblich gewesen ist.

Wenn Sie das aber zuspitzen auf die Frage nach dem Verhältnis von Antizionismus und Antisemitismus, zum Ende der 1960er Jahre, so ist es so, dass ich das selber als Historiker im Grunde genommen erst im Nachhinein richtig bemerkt habe. Es hat bei mir lange gebraucht, eine Aufmerksamkeit dafür zu gewinnen, bis mir klar wurde, was sich dort abgespielt hat. Ich habe vorhin versucht, einen Zusammenhang zu benennen, der mit dem Namen Horst Mahler verbunden ist, der ja von einer Symbiose zwischen Zionismus und Imperialismus sprach. Und der das getan hat als jemand, der bereits seit 1970 im Gefängnis saß, nicht nur als RAF-Mitglied, sondern als der entscheidende Begründer der RAF im Übergang vom Jahr 1969 zum Jahr 1970. Er war derjenige, der Andreas Baader und Gudrun Ensslin aus Italien zurückgeholt hat, und ohne ihn hätte es die RAF in dieser Form nicht gegeben, da bin ich mir sehr sicher. Und dieser Mann hat bereits zu einer Zeit, nämlich als es eigentlich die ganze kritische Öffentlichkeit, mich eingeschlossen, hätte bemerken müssen, Dinge geäußert, die mir im Nachhinein sozusagen wie eine Art von logischer Kontinuität erscheinen. Denn er hat 1972 nach dem Anschlag des Schwarzen Septembers auf die israelische Olympia-Mannschaft diese Aktion in einer Erklärung gefeiert, die von der „Frankfurter Rundschau" veröffentlicht worden ist und die sozusagen an das linksliberale Lager gerichtet war. Es hat überhaupt gar keine Verwunderung darüber gegeben. Man ist im Grunde genommen zu dieser Zeit mit einer Blindheit geschlagen gewesen, die überraschend ist, und ich vermute auch, dass wenn ich Henryk M. Broder anspreche, der ja sozusagen aus derselben Strömung dieser Linken stammt, nämlich der antiautoritären Linken dieser Zeit wie auch ich selbst, dann wird es ihm möglicherweise so ähnlich oder nicht anders gegangen sein, ich weiß es nicht ...

‚Genauso‘, okay, er sagt ‚genauso‘. Das muss man wirklich der Gerechtigkeit halber an der Stelle einfügen. Es gab damals auch eine Art von kollektiver intellektueller Blindheit bei bestimmten Dingen, und man musste im Nachhinein erst bestimmte Dinge einsehen und beobachten. Ich will Ihnen ein Beispiel geben, vielleicht um das noch prägnanter zu machen. Das, worüber ich als Erstes im Zusammenhang mit dem linken Antisemitismus gearbeitet habe, das war der Bombenanschlag auf das jüdische Gemeindehaus am 9. November 1960.

Es war in Berlin, am 31. Jahrestag für die Opfer der Pogromnacht, der sogenannten „Reichskristallnacht“, da ging ein junger Student mit einer Bombe unter dem Mantel während der Gedenkveranstaltung in das Gemeindehaus in der Fasanenstraße und legte diese Bombe dort ab, die mit einem Zeitzünder versehen war. Und dieser Mann war kurz zuvor von den Palästinensern ausgebildet worden, im Zusammenhang einer kleinen Gruppe, die dann zurückgekommen war. Als ich diesen Mann ausfindig gemacht hatte, der seit 1969 auch nicht mehr in Deutschland gelebt hatte, wurde mir erst klar, wie merkwürdig die Verschlungenheit dieser Dinge gewesen ist. Dieser Mann war nämlich noch 1967 in einem Kibbuz gewesen und hatte sich als ein großer Befürworter der Aussöhnung und der Wiedergutmachung verstanden und so weiter und so fort. Er begriff sich dann aufgrund eines Vorfalles in dem Kibbuz als Antizionist, weil er auf Flugblätter oder eine Broschüre gestoßen war, mit der in seinen Augen die Palästinenser rassistisch verunglimpft worden wären, als Araber minderer Klasse etc. Und er hat mir dann erklärt, dass er diesen Bombenanschlag ausgeführt habe deshalb, weil er in dem Glauben war, dass es sich dabei um eine internationale zionistische Konferenz gehandelt habe. Er wusste überhaupt nicht, was der 9. November bedeutete, das war ihm völlig unklar zu dem Zeitpunkt. Und das Stichwort Zionismus reichte aber aus, um ihm selbst die Rechtfertigung zu verschaffen, eine Bombe zu legen. Eine Bombe, die die Menschen hätte umbringen können. Die Bombe ist zum Glück nicht explodiert, sie ist dann einen Tag später entdeckt worden, und das ist eigentlich der erste Anschlagsversuch einer kleinen terroristischen Gruppe gewesen; und deshalb behaupte ich, dass der linke Terrorismus in der Bundesrepublik Deutschland mit einem antisemitischen Akt begonnen worden ist. Und das ist etwas, das einen auch mit einem so großen zeitlichen Abstand zum Nachdenken bringen muss, jedenfalls hat das bei mir nachhaltige Rückwirkungen zutage befördert und ich beziehe mich wirklich ein in die Schleife derjenigen, die für diese Dinge, jedenfalls was die verbale Dimension anbetrifft, wirklich eine Zeitlang taub gewesen sind.

Herr Kraushaar, ist so ein Symposium wie unseres vorstellbar, veranstaltet von der grünen Bundestagsfraktion oder von der Linkspartei, unter diesem Titel?

Wolfgang Kraushaar: Also ich möchte das von vorneherein nicht für unmöglich erklären. Man könnte ja an diejenigen, die so etwas in der Lage wären zu organisieren, herantreten und den Versuch starten. Ich glaube, man sollte nicht von vorneherein einen solchen Test unversucht lassen und das mit einer gewissen Offenheit versehen.

Henryk M. Broder: Ich komme noch einmal auf die Pädophilen-Debatte zurück. Das Tollste, was ich daran finde, ist, dass die Grünen sich heute so benehmen wie einige große deutsche Industrieunternehmen, einschließlich der Degussa, die Wissenschaftler beauftragt hatten, ihre einige Geschichte zu erforschen, wo doch ein Gang in die eigenen Archive und ein Sichten der Akten schon ausreichend gewesen wäre. Es gibt jetzt eine wissenschaftliche Kommission, die die pädophilen Urgründe bei der grünen Bewegung untersuchen soll. Das Ganze liegt 30 Jahre zurück, das ist nicht der Nationalsozialismus, das sind nicht die Ursachen für den Ersten Weltkrieg, das ist nicht der Reichstagsbrand, das geschah zu meiner Lebenszeit, zu unserer aller Lebenszeit, und das muss jetzt von einer wissenschaftlichen Kommission untersucht werden.

Podiumsdiskussion

Ich warte auf den Tag, da die Linken, grob gesprochen, sagen wir die Grünen, eine Kommission einsetzen werden, um ihre antisemitischen Gründe zu erforschen. Es gibt einige sehr gute Leute, die darüber gearbeitet haben, die Grünen haben sich daran nicht beteiligt, und was wir vollkommen vergessen haben, einer der leitenden Figuren der Grünen, Christian Ströbele, hat zur Zeit des Golfkrieges einige unglaubliche Äußerungen von sich gegeben. Er war damals leichtfertig genug, mir ein Interview zu geben, das sowohl in der „Süddeutschen" wie auch in der „taz" erschienen ist, es war später auch in der „Jerusalem Post", wo er sagte, der Beschuss durch die Scud-Raketen sei die natürliche und logische Konsequenz dessen, was Israel den Palästinensern antut. Es gab eine Brigitte Heinrich, die mit Klaus Croissant auf dem Weg nach Israel war und denen die Einreise verweigert wurde. Diese grüne Bewegung hat ein langes antisemitisches Register. Und wenn Leute wie Ströbele sich daran nicht einmal mehr erinnern können, was sie vor 20 oder 25 Jahren gesagt haben, und wenn die grüne Basis es nicht wissen will, dann muss vermutlich eine Erschütterung kommen, wie mit der Pädophilen-Debatte jetzt, damit auch sie auf dieses Thema gelenkt werden. Und ich weiß, dass sie gesagt haben, bei allen Parteien gibt es Leichen im Keller und die sogenannte Mitte, wo sich der Antisemitismus jetzt konzentriert, reicht ziemlich weit; aber man muss zugeben, dass sich zum Beispiel die CDU im Fall Hohmann ziemlich radikal mit diesem Phänomen auseinandergesetzt hat. Der Mann wurde einfach exkommuniziert. Bei der FDP und Möllemann hat es ein bisschen länger gedauert. Die Grünen sind noch nicht einmal so weit, diese Debatte angefangen zu haben, weil sie der festen Überzeugung sind, als Grüne sind sie die besseren Menschen. Sie sind für die Energiewende, für die Frauenquote, für die Partizipation von Minderheiten, für Sex-neutrale Klos in Berliner Rathäusern – wofür die alles sind. Und deswegen glauben sie, dass sie die besseren Menschen sind und für Antisemitismus nicht anfällig. Und Kraushaar und ich und andere werden noch x Bücher schreiben, es wird sich an dieser pathologisch gesunden Haltung der Grünen nichts ändern.

Symposium

Georg Stötzel: Ich meine, immerhin war es doch so, dass die Grünen den Herrn Karsli ausgesondert haben und dass die FDP ihn zunächst aufgenommen hat. Sie konnten ihn auch nicht halten und in dem Zusammenhang hat ja auch Graf Lambsdorff versucht, Antisemitismus und Israelkritik auseinanderzuhalten, indem er dann unterstellte, dass die FDP zwar sich das Recht nehme, jederzeit die Israelpolitik, den Staat und die Regierung zu kritisieren, dass aber, wie er wörtlich sagte, jeder Hauch von Antisemitismus einer liberalen Partei unzumutbar sei. Und das bedeutet, dass sozusagen die Partei entscheiden sollte, was Antisemitismus ist. Israelkritik auf jeden Fall nicht. Das war die Position. Also das war der semantische Versuch, der uns auch interessiert. Als Chronist und Sprachwissenschaftler bin ich natürlich weit davon entfernt, sondern wir versuchen, diese semantische Kämpfe bezüglich der Gruppen, die beteiligt sind, zu verfolgen und sie zu charakterisieren. In gewisser Hinsicht nehmen wir nur Stellung und beteiligen uns dadurch, dass wir solche Phänomene, die auch hier als interessant empfunden werden, überhaupt analysieren und nicht verschweigen. Und das kommt durch die Methode, dass wir die Sprachphänomene untersuchen, die umstritten sind und die in einer Gesellschaft thematisiert werden können. Und insofern konnte ich hier einen Beitrag leisten, aber nicht die aktuelle Diskussion beeinflussen.

Prof. Stötzel, aus Ihrer Forschung heraus: Ist es eigentlich eine Entgleisung, wenn Franz Müntefering von „Heuschrecken" spricht, oder setzt er das bewusst ein? Oder ist das irgendetwas, was bei ihm aus dem Unterbewussten kommt? Und ein Begriff, der in die Alltagssprache übergegangen ist und mit einer gewissen historischen Färbung versehen wurde? Es gibt sogar Karikaturen dazu auf dem Cover des „Vorwärts".

Georg Stötzel: Also interessant ist, dass genau das die typischen Fragen sind, die uns gestellt werden. Sie merken ja vielleicht selbst, Herr Gösmann, dass sie damit in diese erste Kategorie der Kritik gehören, nämlich diejenige, die versucht, mit Wortverboten oder Aufklärung über solche Wörter diesen Strang von Antisemitismus zu analysieren und festzustellen. Und da kann ich nur sagen, was auch Herr Broder sagte oder was ich vielleicht auch in der Analyse angedeutet habe, dass man die jeweilige persönliche Intention und die Umstände analysieren muss und dass es nicht so geht, dass man sagen kann: Da ist ein Wort und das müssen wir sozusagen verbieten. Es ist überraschend, dass immer, wenn wir zu Interviews gebeten und für öffentliche Diskussionen angefragt werden, dieser erste Aspekt im Vordergrund steht: Dass eine Gesinnung tradiert werde, die an Wörtern festgemacht werden kann. Also insofern ist das auch eine Frage der Interpretation. Herr Müntefering sagt, das war nur kritisch gemeint und das wäre gar nicht der Horizont gewesen, denn es ist ja auch ziemlich weit, sozusagen von Heuschrecken auf Börsenspekulanten oder Banker zu schließen, die also das Blutsaugerbild abgeben könnten. Und ich würde sagen, es ist ein Problem, das, was da inkludiert sein soll, überhaupt zu beurteilen. Dazu muss man die Biografie kennen und ich würde sagen, das ist aber jetzt meine persönliche Meinung, dass aufgrund der politischen Herkunft von Herrn Müntefering und aufgrund dessen, was man sonst von ihm hört, das heißt aufgrund des Glaubwürdigkeitskriteriums, ich in diesem Falle kein Problem sehe.

Henryk M. Broder: Noch ein Wort dazu: Es gibt in der Tat, sie haben vollkommen Recht, völlig absurde Situationen. Ich habe vorhin Ahmadinejad erwähnt, der wirklich vom progressiven Milieu in Schutz genommen wird. Das sind dieselben Leute, die ausrasten, wenn Eva Herman bei Markus Lanz das Wort „Autobahn" sagt. Da kommt die Antifa und sieht das vierte Reich schon um die Ecke kommen. Also bei „Autobahn" rasten sie aus, aber Ahmadinejad nehmen sie in Schutz. Deswegen ist die Situation nicht nur sprachlich vollkommen verwirrend. Dieselben Leute, denen man wirklich einen Rest an Vernunft gelegentlich nicht absprechen möchte, reagieren völlig hysterisch bei Banalitäten und extrem großzügig bei Androhungen von Massenmorden. Und ich weiß nicht, ob es dafür eine wissenschaftliche Erklärung gibt. Ich glaube inzwischen, nehmen Sie es mir nicht übel, ich glaube nicht, dass es große wissenschaftliche Erklärungen dafür geben kann. Ich glaube, das sind Abgründe. Das sind wirklich seelische Sümpfe, die da durchwatet werden. Und ich glaube, selbst jemand wie Freud oder Reich oder Jung oder Adler – sie würden alle daran verzweifeln.

Publikumsfragen

Frage 1: Ich mache Antira und fühle mich auch der linken Szene zugehörig, aber habe ganz viele Probleme mit diesen weiß-männlich dominierten Rollen und bin jetzt nicht von Antisemitismus betroffen, aber in verschiedenen Kontexten von Rassismus, manchmal auch positiv. Und ich kann da sehr viel nachvollziehen. Es ist ja so: Diese rassistischen Sachen sind leider auch etwas, das von unten kommt und durch diese Gewalt eben reproduziert werden, und es ist eben schwer, das zu kontrollieren, und vor allem in Zeiten der Repression tauchen sie krasser auf. Aber kann es wirklich die Lösung sein, dass der Mensch es von oben mit Gesetzen aufhalten kann? Meine Lösung ist ja eher, dass ich immer versuche, mehr Solidarität zwischen den von verschiedenen Gewaltformen Betroffenen zu knüpfen oder eben mit dem gemeinsamen Schmerz zu arbeiten und mit Solidarität oder sozialen Beziehungen etwas zu verändern.

Henryk M. Broder: Ich weiß es nicht. Nein, wirklich, ich weiß es nicht. Schauen Sie, ich finde es vollkommen richtig, dass ein junger Mensch in ihrem Alter nach Lösungen sucht und die Welt verbessern möchte. Ehrlich gesagt, in meinem Alter habe ich diesen Ehrgeiz aufgegeben. Und, ich weiß nicht, wer hat gesagt: ‚Die Welt ist schon genug beschrieben worden, es kommt darauf an, sie zu verändern.‘ War es Marx oder Hegel oder wer war das? Feuerbach? Egal, einer der großen deutschen Denker. Jedenfalls war es nicht Bushido, das reicht dann schon. Also dieser wunderbare deutsche Satz: ‚Die Welt ist schon genug beschrieben worden, es kommt darauf an, sie zu verändern.‘ Den Satz habe ich für mich umgedreht: Die Welt ist schon genug verändert worden, jetzt kommt es wieder darauf an, sie zu beschreiben. Und das versuche ich. Und wenn Sie nach Lösungen suchen, dann ist das vollkommen richtig, aber das müssen Sie selber wissen. Ich weiß es nicht. Aber in einem gebe ich Ihnen vollkommen Recht: Interventionen von oben nutzen gar nichts. Das sind Absichtserklärungen, das kann auch einen Sinn haben, ich habe vorhin schon das Beispiel der Vergewaltigung in der Ehe erwähnt, aber sie können Ressentiments, Vorurteile und Hassgefühle nicht par ordre de Mufti verbieten. Das geht nicht. Schauen Sie, ich bin über diese sachliche Frage hinaus, ich finde, es gibt so viele Verrücktheiten hier, ich meine, ich mag ja diese Gesellschaft. Ich finde diese Überflussgesellschaft großartig, die sich über Sachen streitet, über die man sich in Moldawien nie streiten würde, weil da die Leute damit beschäftigt sind, ihren täglichen Lebensunterhalt zu verdienen. Diese Überflussgesellschaft hat etwas sehr Charmantes. Eine Gesellschaft, die sich von der EU vorschreiben lässt, welche Ölkännchen auf den Tisch kommen dürfen. Diese Gesellschaft ist weit gekommen, ich meine das richtig positiv. Meine Mutter hat immer früher gesagt, meine Sorgen möchte ich haben. Wenn das die Sorgen dieser Gesellschaft sind, dann ist es okay. Aber ich bin ratlos, ich bin vollkommen sprachlos, wenn jemand wie Bushido den Integrationspreis bekommt. Wenn das in dieser Gesellschaft möglich ist, dann ist alles andere auch möglich. Jede andere Erosion kann dann noch passieren. Und wenn Sie dagegen aufstehen und etwas unternehmen wollen, dann kann ich nur sagen: Alle Achtung, ich habe dazu keine Lust mehr.

Wolfgang Kraushaar: Also das Letzte möchte ich unterstreichen, das Beispiel Bushido, dazu fällt mir wirklich nichts anderes ein, ich kann nur unterstreichen, was Sie gesagt haben. Aber was zuvor die Fragestellung anbetrifft, das ist ja schon interessant. So wie Sie jetzt darauf reagieren und was mit dieser Fragestellung intendiert worden ist: Ob und in welcher Weise man etwas dagegen unternehmen kann und ob das vielleicht nur eine Frage der staatlichen Reaktion sein kann oder ob sich als Alternative die Betroffenen selber organisieren sollten. Ich glaube, dass diese Alternative nicht wirklich trägt. Herr Broder hat eine ganze Reihe von Beispielen eben in den letzten Minuten zitiert, wo sich gesellschaftlich etwas verändert hat und zwar politisch verändert hat. Und ich würde diese Dimension, also zu sagen, dass es selbst organisierende Kräfte in der Gesellschaft in bestimmten Segmenten und Strömungen gibt, die etwas aktiv verändern wollen, nicht gegen die andere Dimension ausspielen wollen, dass letztlich von Seiten des Staates etwas verändert werden kann, nämlich dadurch, dass politische Kräfte auf diesen Staat einwirken und ihn geradezu dazu zwingen, bestimmte Entscheidungen und Mehrheitsvoten zu übernehmen und dann auch tatsächlich eine neue

Position, sei es zur Frage der Abtreibung, sei es zur Frage der innerehelichen Gewalt, sei es zur Frage der Pädophilie oder Homosexualität oder was auch immer, einzunehmen.

Und ich glaube, dass man nicht von vorneherein die Flinte ins Korn werfen darf. Ich sehe das nicht so negativ, sondern ich glaube durchaus, dass da Dinge möglich sind und manchmal auch auf eine ganz überraschende Art und Weise zustande kommen können. Denn wer hätte vor fünf Jahren zum Beispiel die Beendigung der Atomenergie seitens einer Bundesregierung, die konservativ schwarz-gelb angeführt wurde, prognostizieren wollen? Niemand, das ist auf einmal zustande gekommen. Warum ist das zustande gekommen? Das wäre garantiert nicht zustande gekommen, wenn es nicht über Jahrzehnte hinweg eine klassische außerparlamentarische Bewegung gegen die Atomenergie gegeben hätte. Insofern können manchmal sozusagen bestimmte Kräfte einen Synchronisierungseffekt zustande bringen und dann entscheidet auf einmal eine Kanzlerin etwas, was viele andere Aktivisten auf der Straße sich eigentlich nur als außerparlamentarische Bewegung, quasi auf Druck, hätten vorstellen können. Und ich glaube insofern, dass man in dieser Hinsicht nicht wirklich so hoffnungslos sein sollte, wie das vielleicht zuletzt hier am Tisch erschienen ist.

Frage 2: Herr Broder, Sie hatten vorhin gesagt, der Antisemitismus sollte theologisch vielleicht widerlegt werden. Da interessiert mich ganz besonders die Frage: Wie soll das gemacht werden? Es gibt ja einen religiösen Antisemitismus, und all die Themen aus dem 19. Jahrhundert wie die Diskriminierung und Verunglimpfung des Talmud und des Schulchan Aruch sind immer noch aktuell. Ist das nicht ein ganz anderes Feld? Denn hier ging es ja doch eher um den politischen Antisemitismus und nicht um die Fragen, ob Juden zum Beispiel Christen in ihren heiligen Schriften immer noch als Götzenanbeter bezeichnen. Das ist ganz aktuell, das können Sie im Internet auch finden. Das wären meines Erachtens zwei verschiedene Schlachtfelder.

Podiumsdiskussion

Henryk M. Broder: Sie können alles im Internet finden, Sie können auch die Bauanleitung für den Bau einer Atombombe im Internet finden. Doch, doch, Sie haben schon Recht, das ist schon richtig. Mit „theologisch erklären" meinte ich etwas anderes. Ein von mir sehr geschätzter Sozialwissenschaftler, Gunnar Heinsohn in Bremen, der, glaube ich, inzwischen Emeritus ist, hat ein Buch geschrieben mit 40 Erklärungen für die Ursachen des Antisemitismus. Und es ist ein sehr witziges Buch, ich glaube es ist nicht mehr erhältlich, aber man kriegt es noch im Antiquariat, und Sie merken, wie schwer sich die Leute tun, dieses Phänomen zu erklären. Alain Finkielkraut hat in seinem Buch vom eingebildeten Juden, „Le Juif imaginaire", etwas Ähnliches geschrieben. Es ist ein absolut diffuses, wolkiges Phänomen, das man nicht festnageln kann. Ich glaube, mit dieser traurigen Erkenntnis sollte nicht eine Debatte enden, mit dieser Erkenntnis sollte jede Debatte anfangen.

Und dann gibt es eben die Linken, die den Antisemitismus mit ökonomischen Faktoren erklären, und dann gibt es die psychoanalytische Fraktion – das ist alles richtig, und das ist alles vollkommen unzureichend zugleich. Ich bin ja ein absoluter Agnostiker und ich bin nur deswegen kein Atheist, weil der Atheismus inzwischen selbst zu einer Religion gekommen ist, verkommen ist. Wenn Sie sich die Verlautbarungen der Giordano-Bruno-Gesellschaft anhören, mit welcher Inbrunst die den Gottesbeweis ex negativo führen, das erinnert doch sehr an die Gottesbeweise, die in der positiven Weise geführt werden. Deswegen bin ich kein Atheist, ich bin ein Agnostiker. Aber an der Theologie ist doch was dran und ich kenne relativ viele religiöse Menschen, die äußerst klug und liberal sind, übrigens liberaler als viele Linke und als viele dogmatische Aufklärer, und deren Erklärung für den Antisemitismus scheint mir immer noch die plausibelste zu sein. Der Antisemitismus hat eine tief religiöse Grundlage, die aber heute nicht wahrgenommen wird, weil natürlich die Gesellschaft sich säkularisiert hat und weil Sie sich mit religiösen Argumenten der Lächerlichkeit aussetzen. Wenn Sie sagen, die Juden sind die Gottesmörder, dann können Sie damit ein Interview bei „Radio Maria" in Krakau bekommen, aber nicht bei irgendeiner Art von öffentlichem Podium in der Bundesrepublik. Aber darunter ist ein tiefer theologischer oder ur-religiöser Grund, auf dem das Ganze basiert. Nur muss man diesen Grund nicht aktivieren.

Nur noch ein Drittel der bundesrepublikanischen Bevölkerung bezeichnet sich selber als gläubig. Der Anteil derjenigen, die keiner Kirche angehören, ist inzwischen der größte, proportional verglichen mit den Katholiken und den Protestanten. Also in einer weitgehend säkularen Gesellschaft kann man die religiösen Gründe einerseits nicht mehr anführen, andererseits scheinen sie mir die plausibelsten. Und vielleicht ist wirklich was dran. Ich sagte es vorhin eher scherzhaft, aber inzwischen ist es mir gelungen, mich selbst von meiner Ansicht zu überzeugen: Vielleicht ist wirklich etwas dran an der These vom auserwählten Volk. Vielleicht ist es das. Schauen sie, noch zur Zeit der Weimarer Republik, zur Zeit von Alfred Ballin und Rathenau, gab es eine Möglichkeit für Juden, dem Antisemitismus zu entkommen: die Konversion. Und das ist heute gar keine Option mehr, weil es der Gesellschaft völlig egal ist, ob sie Freitag, Samstag oder Sonntag beten gehen oder gar nicht. Mich hat noch nie jemand danach gefragt, was ich Freitagabend mache. Darauf könnte ich auch eine ganz einfache Antwort geben: Ich mache alles, damit der Messias nicht kommt. Und das kostet mich meine ganze Kraft. Aber diese Argumentation des Theologischen ist trotzdem eine, die mich persönlich sehr überzeugt, weil, wie ich sagte, die einzige Option, dem Antisemitismus zu entkommen, die religiöse Konversion war.

Heute haben die kritischen, linken, jüdischen Intellektuellen, Marke Daniel Cohn-Bendit oder was weiß ich wer, ich will jetzt keine Namen nennen, es soll ihrer nicht gedacht werden, nur eine einzige Möglichkeit, sich der Mehrheitsgesellschaft anzupassen: indem sie nämlich zum Antizionismus konvertieren. Indem sie ganz laut verkünden, der Zionismus sei ein Irrweg, und es gibt in der Tat in ganz Europa starke, wirklich bemerkenswerte Bewegungen innerhalb der jüdischen Gemeinden, die Diaspora-Existenz zu stärken. Und ich finde das auch richtig, man kann nicht lebenslang mit gepackten Koffern leben, das ist schon wahr, aber es gibt wieder einen Gegensatz zwischen Diaspora und Israel. Und die Juden, die in der Diaspora leben, so wie ich, die können es ja machen, ich habe ja nichts dagegen, ich tue es ja auch. Ich habe zehn Jahre in Israel gelebt, jetzt finde ich es hier angenehmer. So. Jeder kann das entscheiden, wie er will. Aber die Diaspora-Juden sehen sich ständig unter permanentem Rechtfertigungszwang und sie argumentieren damit, dass sie mit ihrer Entscheidung, hier zu bleiben, die gar keine Entscheidung ist, sondern der reine Zufall, sozusagen die Tradition des Diaspora-Judentums fortsetzen, gegen diese Verirrungen der zionistischen Ideologie. Sie haben wieder jüdische Konvertiten. Sie konvertieren bloß nicht zum Christentum, zum Katholizismus, zum Protestantismus, sie konvertieren zum Antizionismus, zu dieser säkularen Ideologie des Antisemitismus. Deswegen glaube ich, die einzigen, die uns weiterhelfen können, sind Theologen. Und zwar, wenn ich das so in aller Vorsicht sagen darf, katholische Theologen. Alle anderen fahren besoffen bei Rot über die Ampel.

Frage 3: Ich wollte gerade den Namen, den Sie zuletzt genannt haben Herr Broder, seiner soll nicht gedacht werden, Daniel Cohn-Bendit, doch noch einmal in die Debatte werfen, weil Sie eben, und auch Herr Kraushaar hat es getan, gesagt haben, die „68er" wären alle blind gewesen gegenüber dem Antisemitismus und hätten sich ihm hingegeben. In Frankreich war das anders. Ich habe den Mai '68 in Frankreich erlebt und ich habe erlebt, wie alle Leute auf der Straße gerufen haben: ‚Nous sommes tous des Juifs!', als man Daniel aus Frankreich ausgewiesen hat. Daher meine Frage: Ist diese Blindheit, die Sie bei den Grünen zum Beispiel feststellen, nicht ein typisch deutsches Phänomen in dem Sinne, dass hier eine alte kulturelle Tradition der Deutschen untergründig fortwirkt, die in Frankreich nicht in derselben Weise zu finden ist?

Wolfgang Kraushaar: Ich möchte zuerst einmal einen Widerspruch anbringen. Also ich vertrete nicht die Position, dass alle ehemaligen „68er" antisemitisch gewesen seien und dass sie gleichermaßen von Blindheit geschlagen wären. Für mich trifft diese Blindheit allerdings zu und ich habe ja vorhin auch ausgeführt, worin sie bestanden hat. Ich will das noch einmal ein bisschen genauer ausführen. Sie müssen sich vorstellen, dass derjenige, den Sie eben, und ja auch Henryk M. Broder, erwähnt haben, nämlich Daniel Cohn-Bendit, im Mai 1968 aus Frankreich ausgewiesen worden war, dann auf Schleichwegen relativ bald danach nochmal kurz zurückkehrte und dann erneut ausgewiesen wurde. Er wurde ja so was wie zum Wortführer einer Bewegung in Frankfurt, die für Hausbesetzungen aufgetreten war, und diese sogenannte Hausbesetzerbewegung richtete sich vor allem gegen Immobilienmakler, vor allen Dingen gegen Immobilienmakler jüdischer Herkunft, darunter Ignaz Bubis. Und wenn Sie so wollen, haben Sie hier eine Art von völlig irrwitziger Gegenüberstellung: Dass nämlich jemand, der aufgrund seines Judentums aus dem Nachbarland ausgebürgert worden ist, in Frankfurt der Wortführer einer Bewegung geworden ist, die sich maßgeblich auf einen jüdischen Immobilienmakler konzentriert hat.

Und das macht etwas von der Schwierigkeit aus, mit der man es zu tun hat. Man muss sehr vorsichtig sein, sozusagen dort die entsprechenden Parameter anzusetzen, die hier vielleicht auch zu generalisierend in der Diskussion vorgeherrscht haben. Daniel Cohn-Bendit ist natürlich kein Antisemit gewesen, aber er hat gesehen, dass es Motive und Gründe gab, sich für eine solche Bewegung einzusetzen, aber er hat nicht genauer darüber nachgedacht, welche Implikationen das vielleicht haben könnte und dass das Beifall gab – schon bei der allerersten Hausbesetzung 1970 im Frankfurter Westend gab es antisemitischen Beifall dafür. Das haben diejenigen jedenfalls belegt und bezeugt, die anschließend darüber einige Dinge geschrieben haben, und man spürte auf einmal, dass man in einem merkwürdigen Kräftefeld gebannt war, und es wäre besser gewesen, wenn damals bestimmte Dinge klar gestellt worden wären. Das, was aber getan worden ist, ist, dass man im Grunde genommen eine antikapitalistische Rhetorik gepflegt hat, die ganz nahe an einem latenten Antisemitismus dran war. Und das ist auch etwas, das viel zu spät registriert worden ist. Ich beschreibe das nur deshalb, um deutlich zu machen, wie bestimmte Dinge sich überlagert haben, die im Nachhinein schwer auseinanderzuhalten sind und sozusagen auch schwer analytisch zu differenzieren. Das ist wirklich sehr schwierig, weil man nicht von vorneherein hat sehen wollen, dass in dieser politischen Auseinandersetzung Implikationen mitgetragen worden sind, die problematisch waren.

Podiumsdiskussion

Gleichwohl besteht mein Argument nicht darin, dass jeder, der Israel kritisiert hat, nach 1967 damit automatisch zum Antisemiten geworden wäre; sondern das Problem, das ich sehe, ist einfach, dass diejenigen, die den Zionismus so rasch kritisiert haben, überhaupt keine Neigung dazu hatten zu überlegen, ob man damit im Grunde genommen sich nicht wieder in eine Schleife einklinkt, die letzten Endes auf die Ortlosigkeit und damit die Schutzlosigkeit von Juden verweist. Das hat man überhaupt nicht dabei bedacht und es macht unglaublich misstrauisch, dass das hat geschehen können. Und insofern ist es schwierig, mit dieser Art von Identifizierung und Schuldzuweisung von vorneherein zu arbeiten. Aufgrund dieser Art von Feinderklärung Israels war es ein latenter Antisemitismus, aber dies ist nicht umstandslos gleichzusetzen damit, dass es auch wirklich antisemitisch geworden ist. Das muss man wirklich nach wie vor auseinanderhalten und ich glaube, diese Schwelle und diese Spanne sollte man nicht einfach in der Diskussion kurzschließen.

Henryk M. Broder: Vielleicht noch ein Wort dazu. Man muss gar nicht so weit in der Geschichte zurückgehen. Es reicht wirklich ein Überblick über die letzten Wochen oder Monate. Beim letzten evangelischen Kirchentag, der war, glaube ich, in Hamburg, gab es eine Ausstellung über die Nakba, die palästinensische Katastrophe. Es war hochumstritten und dann haben sie sich doch entschlossen, diese Ausstellung zu zeigen. Es ist auch okay, den Palästinensern ist tatsächlich Unrecht geschehen, aber ich darf doch als unbeteiligter Beobachter fragen, wieso es beim evangelischen Kirchentag nicht eine kleine Ausstellung gegeben hat darüber, was gerade in Syrien passiert. Eine Katastrophe, die nur zwei Jahre dauert, etwas mehr als zwei Jahre und es gibt bis jetzt über 300.000 Flüchtlinge innerhalb von Syrien, aus Syrien heraus, es gibt 80.000 bis 100.000 Tote. Rein quantitativ übertrifft dieses Blutbad in Syrien den gesamten israelisch-palästinensischen Konflikt um das Vier- bis Sechsfache. Aber dadurch fühlte sich niemand beim evangelischen Kirchentag veranlasst und provoziert, darüber eine kleine Ausstellung zu machen. Und das sind Sachen, die mich interessieren. Wieso springen bestimmte Leute auf etwas an und auf etwas anderes springen sie nicht an? Und ich möchte

noch einmal in aller Klarheit sagen: Es spricht nichts gegen Israelkritik, die
kann auch gemein oder überzogen sein oder was auch immer. Aber ich sage
es nochmal: Kritik muss etwas mit ihrem Gegenstand zu tun haben, nicht mit
der Befindlichkeit des Kritikers, der sich von irgendetwas entlasten möchte.
Und deswegen ist das keine Kritik, über die wir reden, denn es gibt ja nur zwei
Arten von staatlich funktionalisierter Kritik: Es gibt eine Amerika-Kritik,
und wir werden wieder ein Aufnehmen der Amerika-Kritik in den nächsten
Monaten erleben – je mehr sich Obama als ein Nicht-Messias erweisen wird,
umso mehr wird das Ressentiment zurückkommen –, und es gibt die Israelkritik. Es gibt keine Kongo-Kritik, keine Nordkorea-Kritik, es gibt nicht einmal eine Belgien-Kritik, obwohl von allen Staaten, die völlig obsolet sind, Belgien wirklich die erste Position zukommen müsste. Wer braucht Belgien? Ich
meine, die Hälfte ist flämisch, die andere Hälfte ist wallonisch und es bleiben
die Juden in Brüssel, die die einzigen authentischen Belgier sind.

So, und dann noch etwas. Ich habe mich in der letzten Zeit am meisten
mit diesem merkwürdigen jüdischen Opportunismus beschäftigt, bei Leu-
ten wie Cohn-Bendit und vielen anderen – jetzt habe ich den Namen doch
ausgesprochen. Cohn-Bendit hat so schubweise das Bedürfnis, sich zum
Judentum zu bekennen oder zu äußern. Und er hat vor zwei Jahren in Brüssel mit Hilfe der EU, er ist ja Abgeordneter, eine Organisation gegründet, die
„J Street" heißt. „J Street", also offenbar Judenstraße. Das finde ich schon hoch-
gradig bedenklich. Und diese Organisation sollte dazu dienen, den Juden in
Europa eine Stimme zu geben. Es dauerte einen Nachmittag, die Sache wurde
gegründet, man hat nichts davon gehört. Aber woher kommt dieses Bedürfnis? Es kann doch jeder leben, wo er will. Niemand wird gezwungen, sich zu
rechtfertigen. Wieso sind gerade diejenigen, die Israel gegenüber so enorm
kritisch bis feindselig eingestellt sind, von einem solchen Bekenntnisdrang
getrieben? Wieso muss ein Cohn-Bendit aufstehen und sagen, wie man den
Nah-Ost-Konflikt lösen könnte? Ich stehe doch auch nicht auf und sage, wie
man den Nord- mit dem Südsudan wieder versöhnen könnte. Da ist eine obsessive, eine pathologische Qualität dabei und ich möchte jetzt an dieser Stelle die letzte Gelegenheit nutzen, der Irrationalität das Wort zu reden. Wir sind

alle auf irgendeine Weise von der abendländischen Rationalität verführt, die ich vollkommen richtig finde. Aber es gibt Konflikte, die zutiefst irrational sind. Und dieser gehört dazu. Es ist wahrscheinlich der irrationalste Konflikt der Menschheitsgeschichte.

Biografien

Prof. Dr. Dres. h.c. Gert Kaiser

Prof. Dr. Dres. h.c. Gert Kaiser, geb. 1941, ist Gründer und Präsident des German Innovation Centers Düsseldorf-Herzliya. Er war Rektor der Heinrich-Heine-Universität Düsseldorf von 1983 bis 2003 und von 1988 bis 2008 Präsident des Wissenschaftszentrums NRW. Darüber hinaus ist er Vorsitzender mehrerer Stiftungen wie der Meyer-Struckmann-Stiftung, der Gesellschaft von Freunden und Förderern der Heinrich-Heine-Universität Düsseldorf, und Mitglied in zahlreichen Beiräten und Kuratorien. Er erhielt zahlreiche nationale und internationale Auszeichnungen.

Henryk M. Broder

Henryk M. Broder, geboren 1946 in Kattowitz, gehört zu den bekanntesten Publizisten Deutschlands, ist Mitbegründer des politischen Blogs „achgut.de" und schreibt für die „Welt". Zuletzt erschien von ihm im Knaus Verlag „Die letzten Tage Europas. Wie wir eine gute Idee versenken". Er lebt in Berlin und Virginia/USA.
(Foto: Marco Limberg)

Dr. Wolfgang Kraushaar

Dr. Wolfgang Kraushaar, geb. 1948, promovierter Politikwissenschaftler, studierte an der Universität Frankfurt am Main Politikwissenschaft, Philosophie und Germanistik; seit 1987 am Hamburger Institut für Sozialforschung; Forschungsschwerpunkt: Protestbewegungen und Terrorismus.

Prof. Dr. Georg Stötzel

Prof. Dr. Georg Stötzel, geb. 1936, ist emeritierter Professor für Sprachgeschichte. Zu seinen Forschungsgebieten gehört insbesondere die Deutsche Sprache der Gegenwart. Seine Forschungsaktivitäten sind die Sprachwissenschaft als Problemgeschichte der Gegenwart sowie Nazi-Verbrechen und öffentliche Sprachsensibilität bis hin zu den Themen der Semantischen Kämpfe im öffentlichen Sprachgebrauch.

Sven Gösmann

Sven Gösmann, geboren 1966 in Münden (Niedersachsen), ist seit Juli 2005 Chefredakteur der „Rheinischen Post", mit 1,1 Millionen Lesern Deutschlands zweitgrößte Regional- und viertgrößte Tageszeitung.

Er volontierte bei der „Braunschweiger Zeitung" und studierte anschließend Politik und Volkswirtschaft an der Freien Universität und der Humboldt-Universität Berlin sowie der New York University. Als Redakteur und Reporter arbeitete Gösmann u. a. für die „Braunschweiger Zeitung", die „Berliner Morgenpost", die „Welt", als Politikchef für die „Welt am Sonntag" und als stellvertretender Chefredakteur für Politik und Wirtschaft der „Bild"-Zeitung, bevor er ins Rheinland wechselte. Als politischer Journalist und Kommentator ist er regelmäßig im ARD-„Presseclub" und im Rundfunk vertreten.